U0454129

穿行诗与思的边界

Vom Verschwinden der Rituale

Eine Topologie der Gegenwart

Byung-Chul Han

仪式的消失

当 下 的 世 界

［德］韩炳哲 著

安尼 译 毛竹 校

中信出版集团 ｜ 北京

图书在版编目（CIP）数据

仪式的消失：当下的世界 /（德）韩炳哲著；安尼
译 . -- 北京：中信出版社，2023.8（2025.9重印）
ISBN 978-7-5217-5383-7

I.①仪… II.①韩… ②安… III.①社会问题－研
究 IV.① C913

中国国家版本馆 CIP 数据核字（2023）第 078698 号

仪式的消失：当下的世界

著者： [德]韩炳哲
译者： 安 尼
校者： 毛 竹
出版发行：中信出版集团股份有限公司
（北京市朝阳区东三环北路 27 号嘉铭中心 邮编 100020）
承印者： 嘉业印刷（天津）有限公司

开本：787mm×1092mm 1/32 印张：4 字数：67 千字
版次：2023 年 8 月第 1 版 印次：2025 年 9 月第 2 次印刷
京权图字：01-2023-2883 书号：ISBN 978-7-5217-5383-7
定价：58.00 元

目　录

前　言
Vorbemerkung

在本书中，仪式标示的并非人心所向之地。相反，作为一个用来对比、衬托的外壳，它使我们的"当下"（Gegen-wart）得见更为清晰的轮廓。不带怀旧情绪地勾勒出仪式消失的谱系，并不能说是一部解放史。沿着这个谱系会出现"当下"之症，首先是对共同体的侵蚀。与此同时，本书还会思考其他生命形式，它们或许可以将社会从其集体自恋中解放出来。

生产强制

Zwang der Produktion

仪式是一种符号行为（symbolische Handlungen）。它们流传下来并代表了承载着共同体的价值观和秩序。它们制造出一个没有交际的共同体（Gemeinschaft ohne Kommunikation），而如今一统天下的是没有共同体的交际（Kommunikation ohne Gemeinschaft）。符号感知（symbolische Wahrnehmung）是仪式的构成要素。符号（希腊语：symbolon）最初是指客人之间用来重新识别对方的记号（tessera hospitalis）。一位客人打碎一块泥板，一半留给自己，一半送给另一位客人，以示宾客之礼。符号就这样用于再认识。这是一种特殊形式的重复："再认识，不是再次看到某样东西，不是一系列的相遇，它意味着认出某个本已知晓之物。这正构成了人类'圈地'（Einhausung，'使自身在世在家'）——我在这里使用黑格尔的词——的本来过程；每一次再认识，都已经脱离第一次认识获取时的偶然性，并上升到理念层面。在再认识的过程中，总会有这样一个事实：一个人现在知道的东西，比他在初次接触被拘束的瞬间（Augenblicksbefangenheit）所知道的更多。再认识，是从转瞬即逝中看到恒定不变。"[1]再认识是符号感知，它察觉到的是持续之物（das Dauernde）。世界由此从其偶然性中解脱出来，获得了一些恒定的东西（etwas Bleibendes）。如今的世界在符号方面非常贫乏。数据和信息没有象征力量，因此它们不容被再认识。符号的贫乏使得本来用于创造意义和共同体、稳固生命的图像和隐喻悉数流失。持续的体验在减少，而偶然性在急剧增加。

　　仪式被定义为圈地的符号技术（symbolische Techniken）。仪式把"在世"（In-der-Welt-Sein）转变成了"在家"（Zu-Hause-Sein），从世上变出了一个可靠的地方（Ort）。它们是空间中的住所在时间上的表现。它们使时间可以居住（bewohnbar）。是的，它们让时间像房子一样可以行走其中（begehbar）。它们规划时间，安排时间。安托万·德·圣-埃克苏佩里在他的小说《要塞》中，将仪式描述为圈地的时间技术："时间中的仪式，就像空间中的家一样。时间流逝并非如手中沙一样消耗和摧毁着我们，而是使我们达到完整之物，这太好了。因此，我从一个庆典走向另一个庆典，从一个周年纪念走向另一个周年纪念，从一个葡萄节走向另一个葡萄节，就像我小时候从议事厅走到休息厅一样，在我父亲森严的宫殿里，所有的步伐都有一个目的。"[2] 如今，时间缺乏一个牢固的结构。它不是一所房子，而是一条不定形的河流。它溶解为一连串"当下"的时间点。它持续处于崩溃中，没有什么能给它一个支点（Halt）。持续崩溃的时间是没法居住的。

仪式能令生命稳固。对安托万·德·圣-埃克苏佩里的话稍作变化，也就是：仪式对生命的意义，就像物对空间的意义。在汉娜·阿伦特看来，正是物的持久性（Haltbarkeit der Dinge）使它们具有"独立于人而存在"的特性。物有"使人类生命稳固的使命"。其客观性在于，"它们为自然生命中的快速变化……提供了一种人类的自我同一性"，即一种稳固的身份，"它的来源可以追溯到，同一张椅子和同一张桌子用以不变应万变的熟悉感，迎接那些每天都在变化的人"[3]。物是把生命固定住的一个又一个静止的点（Ruhepole），仪式与其功能相同。它们通过自一性（Selbigkeit）和重复性使生命稳固。仪式能使生命持久。如今，生产强制褫夺了物的持久性，故意破坏了时间的持续性，以生产更多产品，以强迫更多消费。然而，驻留（Verweilen）要以持续之物为前提。如果物只是被消耗和消费，就不可能驻留。同样的生产强制，却通过消除生命中的持续之物令人不得安生。因此，它破坏了生命的持久性，即使生命得到了延长。

智能手机不是汉娜·阿伦特所说的那种物，它恰恰缺乏令生命稳固的那种自一性。它也不是特别耐用。它不同于桌子这种以其自一性站在我面前的东西。手机里的媒介内容不断占据我们的注意力，而这一切都与自一性无关。它们瞬息万变，不容片刻停留。这个装置天生的不安分，使它成为一个非物（Un-Ding）。此外，会有一种强制力推着你去触碰它。然而，物本身是不该产生强制力的。

正是各种礼仪形式，如同礼貌一样，不仅使美好的人际交往成为可能，而且使人与物之间也能温柔相待。在一个仪式性的环境中，物不是被消费或消耗，而是被使用。如此一来，物也可以变老旧。然而，处于生产强制中的我们，在面对物，也就是面对世界时采取的行为方式，是消费而非使用。结果，它们消耗了我们。不计后果的消费使我们被（仪式的）消失现象所包围，从而破坏了生命的稳固。仪式活动确保我们不仅与他人，而且与他物产生美好的交往和共鸣："借助弥撒，牧师们学会以美待物——轻拿圣杯、圣饼，悠闲擦拭圣器，翻动书页；还有发自内心的喜悦，那是与物圆融相处的结果。"[4]

如今，我们不仅消费着物，而且还消费着附于其上的情绪（Emotionen）。对物的消费并非无穷，情绪消费却无尽。它们由此打开了一个新的、无限的消费领域。商品的情绪化以及与之相关的审美化，皆受制于生产强制。它们必须增加消费和生产。因此，审美被经济殖民化了。

情绪比物更倏忽易逝，因此它们并不能令人安生。此外，在情绪消费中，人们并不诉诸物，而是诉诸自身。令人趋之若鹜的是情绪的本真性。于是，情绪消费强化了自恋式的自我指涉。物本该促成的世界关联（Weltbezug），就这样日益丧失。

如今，价值也成了个人消费的对象，它们自身变成了商品。正义、人性或持久性等价值被纳入经济轨道。"一边喝茶，一边改变世界"，这是一个公平贸易（Fairtrade）公司的口号。通过消费改变世界，那将是革命的终结。鞋子或衣服也应该成为极端素食主义者。可能很快就会出现素食主义智能手机。新自由主义经常利用道德。道德价值的消费是一种鲜明标志。它们被添加到自我账户（Ego-Konto）中，从而提升自我价值。它们提升的是自恋式的自尊。通过价值，人们并不指涉共同体，而是指向其自我。

通过符号，通过 *tessera hospitalis*，即给朋友的赠礼，朋友间缔结了联盟。"符号"这个词位于关系、整体和救赎的意义范畴之内。根据阿里斯托芬在柏拉图的对话《会饮篇》中讲的神话，人最初是一个有两张脸和四条腿的球形生物。由于他太狂妄，宙斯把他劈成两半，以削弱他的力量。从那时起，人类一直是一个符号，渴望着他的另一半，渴望恢复完整。因此，在希腊语中，symbállein 意为"聚集"。由此可见，仪式也是一种符号实践，是一种聚集的实践，因为它们把人们聚集到一起，产生一个联盟、一个整体、一个共同体。

如今，符号作为共同体的媒介正在明显地消失。去符号化和去仪式化是互为前提的。社会人类学家玛丽·道格拉斯（Mary Douglas）惊讶地指出："我们这个时代最严重的问题之一，是由共同符号构成的纽带消失了。……如果这只是一个社会分裂成小团体的问题，每个团体都在发展自己的象征性联系形式，那倒并非一个特别令人费解的过程。更加匪夷所思的其实是，人们普遍对仪式感到厌恶和反感。'仪式'已经成了一个令人反感的词，成了空洞的顺从主义的表现；我们正在见证一场针对任何形式主义的普遍反抗，实际上是对'形式'的普遍反抗。"[5] 符号的消失表明社会的日益原子化，与此同时，社会正在变得自恋。自恋的内化过程发展出对形式的敌视，人们为了主观状态而拒绝客观形式。仪式可以摆脱自恋的内在性。自我—力比多（Ich-Libido）不能与仪式对接。遵从仪式的人，必将自身置之度外。仪式创造了一种自我距离、一种自我超越。它们对践行者进行去心理化、去内在化。

如今，符号感知因连环感知（serielle Wahrnehmung）而日益消失，而连环感知不能够获得持续性体验。连环感知是对新事物的连续性认知，不能片刻停留。相反，它从一个信息到另一个信息，从一个经验到另一个经验，从一个感觉到另一个感觉，匆匆忙忙，得不出结论。剧集之所以在今天大受欢迎，大概就是因为它们符合连环感知的习惯。在媒体消费层面，它导致了疯狂刷剧（Binge Watching），导致了连环呆视（Komaglotzen）。连环感知是广延式的（extensiv），而符号感知是强化式的（intensiv）。连环感知因广延性而获得一种浮于表面的关注。如今，到处都是强度让位于广度。数字交际是一种广延式的交际。它不建立关系，而只是建立连接。

新自由主义制度迫使人们进行连环感知，强化系列的习惯。它故意取消持续性，以迫使产生更多消费。生命的所有领域都在不断更新换代，不容任何持续性、任何结论。永久的生产强制导致离家（Enthausung）。生命由此变得更具偶然性，更加转瞬即逝，更为飘忽不定。然而，栖居需要的是持续性。

注意力缺失症由连环感知的病态强化导致。感知永远不会停歇，它忘记了何为驻足停留。深度注意力（tiefe Aufmerksamkeit）作为一种文化技术，恰恰形成于仪式和宗教实践。Religion（宗教）不是偶然来自 *relegere*（注意）的。每个宗教实践都是一次注意力训练。寺庙是一个让人集中注意力的地方。马勒伯朗士认为，注意力是灵魂的自然祈祷。如今，灵魂不再祈祷。它不断地自我生产。

如今，许多形式的重复，比如背诵，都不再受到鼓励，因为这会压制创造力和创新。背诵在法语中被称为 apprendre par cœur。显然，仅靠重复就能抵达心脏。针对日益严重的注意力缺失症，最近有人提议在基础教育中引入"仪式学"这个新科目，从而把重复性的仪式活动作为一种文化技术来加以实践。[6] 重复会稳固和加深注意力。

重复是仪式的本质。它与日常习规的不同之处在于其产生强度的能力。强度令重复不同寻常，并保护它不被常规化。那么，强度从何而来？对克尔凯郭尔来说，重复和记忆代表着相同的运动，只不过彼此方向相反。被回忆的事属于过去，是"向后重复"，而真正的重复是"向前回忆"[7]。过去和未来融合成一个活生生的当下。作为一种闭合形式（Schlussform），重复创造了持续性和强度，它负责让时间停驻。

克尔凯郭尔拿重复同希望和记忆做对比："希望是一件新衣服，笔挺、光滑、光彩照人，但你从未穿过它，因此不知道它将如何装扮你，你穿起来会怎样。记忆是一件被丢弃的衣服，尽管它很美，但不适合你，因为你已经长大，穿不上它了。重复是一件撕不破的衣服，它结实又柔顺贴身，既不紧绷也不松垮。"[8] 根据克尔凯郭尔的说法，"会让人感到厌倦的只有新东西，而从来不是旧事物"。旧事物是"每日面包，令人饱受祝福"。它使我们快乐："只有不兀自以为重复是什么新生事物的人，才会感到由衷的快乐，否则他定会厌倦它。"[9]

每日面包没有刺激。刺激皆易逝。重复，在毫无刺激的地方，在不显眼的地方，在一根细丝之中，发现了一种强度。另一方面，那些总是期待新鲜和刺激的人忽略了已在之物。意义、道路皆可重复。一个人不会对道路感到厌倦："我只能重复一些毫不相干的事情，尽管眼角一瞥（日间的光或沉沉暮霭）的确让我感到高兴；即便一次日落也充满故事，不可复制；我甚至不能重复一束光线或一次黄昏，而只能重复走一条道路（必须准备好邂逅路上的全部石子，包括新出现的）。"[10]

如今，我们在追逐新鲜刺激，追求兴奋和非凡体验的过程中，正失去重复的能力。新自由主义的处置方法，如本真性、创新或创造力，含有一种永不止息的强制出新。然而，最终，它们制造的只是相同事物的变体。旧时的、过去的、那些容许有所实现的重复（erfüllende Wiederholung）都被铲除殆尽，因为它同生产制造的增长逻辑截然对立。然而，重复会稳固生命，其本质特征是圈地。

　　新事物很快就沦为常规。它是一种消费品，并重新激发求新之需。强行拒绝常规，制造出更多常规。新事物有一个固有的时间结构，使它很快就淡化为常规。它不容许出现圆满的重复。生产强制就是强制出新，它只会加深常规的泥潭。为了逃避常规，逃避空虚，我们消费更多的新事物、新刺激和新体验。恰恰是这种空虚感推动了交际和消费。作为新自由主义制度的招牌，强度生命无非就是强度消费。鉴于强度生命的幻觉，我们需要思考另一种生命形式，它比持续消费和交际更具强度。

　　仪式带来一个琴瑟和鸣、节奏一致的共同体："仪式创造了社会文化上确立的共鸣轴线，沿着这些轴线可以体验到纵向（对神、对宇宙、对时间和永恒）、横向（在社会共同体中）和斜向（与物相关）的共鸣关系。"[11] 没有共鸣，人就会被抛回自身，茕茕孑立。越来越多的自恋抵消了共鸣体验。共鸣不是自我的回声，它含有他者的维度，它意味着琴瑟和鸣。抑郁症产生于共鸣的零点。如今的共同体危机是一场共鸣的危机。数字交际由一个个回音室组成，人们在其中首先听到的是自己的说话声。点赞、加好友和转发不会形成共鸣的土壤。它们只是在放大自己的回声。

仪式是具身的过程，是身体的登台表演（Körperinsze-nierungen）。一个共同体的有效秩序和价值观通过身体得到体验和巩固。它们被刻进身体，被体验，也就是说，被身体内化。通过这种方式，仪式带来了一种具身的知识和记忆，一种具身的身份，一种具身的关系。仪式性的共同体是一个身体（Körperschaft），这样的共同体含有一个身体的维度。数字化削弱了共同体的纽带，因为它具有去身体化的效果。数字交际是一种去身体化的交际。

感觉（Gefühle）也参与到仪式行动中，但它们的主体不是与世隔绝的个体。例如，在哀悼仪式中，哀悼表达一种客观感觉、一种集体感觉。集体感觉与个体心理没有关系。在哀悼仪式中，共同体是哀悼的真正主体。共同体在面对损失的经验时将其强加于自身。这些集体感觉巩固了共同体。社会的日益原子化也影响到社会的感觉平衡。共同体感觉的形成越来越少，而占据主导地位的是一时的冲动和情绪（Affekte und Emotionen），这就是一个孑然独立的个体状态。与冲动和情绪不同，感觉是能够形成共同体的。数字交际主要由冲动驱使，它有利于即刻发泄冲动。事实证明，推特就是一个完美的冲动媒介。以此为基础的政治是冲动政治。政治是理性和调解，而理性需要耗费大量时间，如今，它越来越让位于有效期短的冲动。

新自由主义制度令人们陷于孤立，同时它又召唤共情（Empathie）。仪式性的社会不需要共情，因为它是一个共鸣体。正是在一个原子化的社会中，对共情的呼吁才变得响亮。目前的共情炒作首先由经济决定，共情被当作一种有效的生产手段。它被用来在情绪上影响和控制他人。在新自由主义制度下，被剥削的不仅仅是工作时间，而且是整个人。事实证明，情绪管理比理性管理更有效，后者比前者更深入地渗透到人体内。新自由主义的精神政治致力于激发肯定的情绪并充分剥削它。最终，连自由本身也被剥削殆尽。在这一点上，新自由主义的精神政治与工业现代主义的生命政治有所不同，后者的运作具有纪律强制和命令的味道。

如今的数字交际正日益发展成没有共同体的交际。新自由主义制度通过把每个人都挑出来作为为自身生产的人，迫使人们进行没有共同体的交际。生产可以追溯到拉丁语动词 *producere*，意为示人或使之可见。法语单词 produire 仍有呈现的意思，se produire 的意思是让自己受人瞩目。德语口语中的 sich produzieren 或许可以追溯到相同的词源。如今，我们到处都在被迫自我生产，比如在社交媒体上。社会领域完全受制于自我生产。每个人都在生产自我，以引起更多关注。自我生产强制（Zwang der Selbst-Produktion）引发了共同体危机。如今随处可见的所谓"社区"，本身只是共同体的最弱级，甚至是共同体的商品形式和消费形式，它缺乏任何象征性的约束力量。

没有共同体的交际可以被加速，因为它是加法的。仪式则是不允许加速的叙事过程。符号是静默的。信息则不然，它们通过流通而存在。静默只意味着交际的停滞，它不生产任何东西。在后工业时代，机器的噪声让位于通信的噪声。更多的信息，更多的交际，保证带来更多的生产。因此，生产强制表现为交际强制。

生产强制牵出了绩效强制。从力比多经济层面看，绩效与工作不是一回事。在工作中，自我不一定要处于中心位置，而在创造绩效时，自我特别在乎自身。他不只是生产一个客体，而是生产他的自我。那些被客体力比多吸收的人不生产自我，而是耗费自我。自恋的自我指涉性构成了绩效的内容。自我力比多支配着绩效主体。他取得的业绩越多，获得的自我（Ego）就越多。众所周知，弗洛伊德将自我力比多列入死亡本能。自恋的绩效主体由于自我力比多的致命累积而崩溃。他自愿而热情地剥削自我，直到崩溃。他把自我优化到死。他的失败则被称为抑郁症或倦怠症。

抑郁症不会发生在一个由仪式来决定的社会。在那里，灵魂被仪式的形式完全吸收，也就是被清空。仪式是入世性的（Welthaltig），它们创造了一个连接世界的强固纽带。抑郁症则是基于夸张的自我指涉，完全无力走出自我，走入世界，一个人把自我封闭在自身中，世界消失了。人在空虚感中只有围着自我打转，而仪式则减轻了自我因自身而产生的负担，它们对自我进行去心理化和去内在化。

等级制度和权力关系往往被刻进仪式。通过美的演绎，它们也可以为统治蒙上光环。然而，就其本质而言，它们是象征性的圈地活动。罗兰·巴特也从圈地角度来思考仪式和典礼，它们保护我们不堕入存在的深渊："仪式……像房屋一样保护着我们：它让人感到可以栖居。例如，哀悼……"[12] 哀悼仪式就像在皮肤上涂了一层保护膜，使它在面对心爱之人的死亡时免受悲伤的烧灼。仪式充当保护机制之处，就是生命完全失去保护之时。生产强制将无法处理这种超验的无保护性和无家可归状态，最终令其愈演愈烈。[13]

本真性强制

Zwang der Authentizität

本真性社会（Gesellschaft der Authentizität）是一个表演型社会。每个人都在表演自我。每个人都在生产自我。每个人都沉湎于对自身的盲信和膜拜。在这种崇拜中，人是自身的祭司。查尔斯·泰勒认为，现代人的本真性崇拜是一种"道德力量"："忠于自我无非是忠于自我的真实性（Originalität），而这是只有我才能明确表达和一探究竟的东西。我在表达它的同时，定义着自身。由此，我意识到一种原本就属于我自身的可能性。这种说法的背景是现代的本真性理想（Authetizitätsideal），以及通常被塑造成理想的'自我完善'或'自我实现'。正是这个背景，为本真性文化中哪怕最腐朽、最荒诞、最琐碎的形式，也赋予了道德力量。"[14] 不过，一个人对自我的身份设计不能是利己的

（selbstisch），而必须在一个社会意义的视域中进行，使其具有超越自我的意义："只有当我生活在一个由历史和自然的要求、人类同胞的需要、国家公民的责任、上帝的召唤或其他类似地位的东西起决定作用的世界中，我才能以一种不至琐碎平庸的方式确定自我的身份。追求本真性，与要求超越自我并不矛盾，而是以这类要求为前提条件。"[15] 照此看来，本真性和共同体并不相互排斥。泰勒对本真性的形式和内容做了区分。自我指涉性只涉及自我实现的形式，不过按照泰勒的要求，其内容不能是利己的。本真性仅仅通过身份筹划（Identitätsentwurf）来证明自我，而身份筹划是不由自主的，也就是说要根据与共同体的明确关系而定。

与泰勒的假设相反，事实证明，本真性是共同体的敌人，其自恋气质阻碍着共同体的形成。对本真性的内容起决定作用的，不是其与共同体或另一更高秩序的关系，而是其市场价值。在市场价值面前，所有其他价值都黯然失色。因此，本真性的形式及内容合而为一，两者都为自身效劳。本真性崇拜将身份问题从社会转移到个体身上，持续忙于自我生产，从而使社会原子化。

泰勒对本真性的道德辩解，掩盖了新自由主义制度的一个微妙进程，这个进程扰乱了自由的理念和自我实现的理念，并将其变成了一个有效的剥削工具。新自由主义制度剥削着道德。控制在伪装成自由的那一刻就已经大功告成。本真性构成了一种新自由主义的生产形式。一个人自愿进行自我剥削，却认为这是在自我实现。通过本真性崇拜，新自由主义制度占有了人本身，并将其转变为一个更高效的生产车间。通过这种方式，整个人都被生产过程征用（verbaut）。

本真性崇拜是社会衰败的一个显著标志："当一个人被判定为本真，或整个社会被说成有本真性问题，那么这种说法便揭示出社会行为被贬低的程度之大，以及心理成分比重的日益增加。"[16] 本真性强制导致了自恋式的内省，导致了对自我心理的一种持续不断的关注，就连交际也成了精神层面的活动。本真性社会是一个由亲密和裸露构成的社会。灵魂－赤裸主义（Seelen-Nudismus）使它具有色情特征。社会关系越是裸露出隐私和亲密关系，就越是逼近本真。

主导 18 世纪社会的仍然是各种仪式性的互动形式。公共空间类似于一个舞台、一个剧场。身体也是一个舞台，是一个没有灵魂和心理活动的着装木偶，要配上标志和符号来美化装扮。假发之于人脸，就像画框之于图画。时尚本身就具有戏剧性，人们其实是爱上了舞台场景式的表达。甚至女士发型也按戏剧场景来塑造。它们要么代表历史事件，要么代表感情。然而，这些感情并不反映任何灵魂状态。首先要带着感情去演戏（gespielt）。脸本身成为一个舞台，在这个舞台上，人们借助点痣妆（mouche）来刻画某些人物。例如，如果痣点在眼角，它就意味着激情；如果点在下唇，就表示这个人心直口快。作为舞台的脸，绝不是如今在"脸书"上发布的那种"脸"。

19 世纪的人发明了劳动。戏剧越来越不被信任，越来越多的人去劳动而不是去游戏。世界更像是工厂，而不是剧场。戏剧表演文化让位于内在性文化（Kultur der Innerlichkeit）。这种发展也反映在时尚上。舞台戏服与街头穿搭之间的差别越来越大，戏剧性元素从时尚中消失了。欧洲人把工作服穿在了身上："文化普遍变得严肃，似乎很难否认这是 19 世纪的一个典型现象。很少看到这种文化被'演'出来。社会的外在形式不再表达更高的生命理想，不再是马裤、假发和剑那类东西。很难想象有什么比男性服饰中想象元素的消失，更能体现对游戏精神的放弃。"[17] 在 19 世纪时，男性服装变得日益单调乏味，几乎没有什么变化。

它们像工作服一样千篇一律。从各个社会的时尚中可以看出其社会构成。社会的日益色情化就这样反映在时尚中。如今，时尚具有明显的色情特征，得到展示的更多是肉体而不是形式。

伴随着本真性崇拜，文身再度流行。如果放在仪式的语境下，文身象征着个体与共同体之间的联盟。在 19 世纪，文身在上层社会特别流行，那时候身体尚且是渴望与梦想的投影屏。如今，文身失去了任何象征性力量，它们只不过体现出文身者的独特性。在这里，身体既不是仪式的舞台，也不是投影屏，而是一个广告板。在新自由主义的同质化地狱里，居住着文身的克隆人。

本真性崇拜令公共空间遭到腐蚀。公共空间瓦解为私人空间，与每个人都如影随形。当人与人的私人空间直接碰撞，就会产生具有破坏性的兴奋区（Erregungszonen）。在公共空间里，人们放下私人性，去扮演一个角色。那是一个好戏不断的表演场所、一个剧场。表演，演给人看，是公共空间的本质："由种种社交仪式、惯例习俗和礼节姿势构成的表演，是塑造公共关系并赋予这些关系以情感意义的材料。一旦公共平台受社会条件损害和破坏，就会妨碍人们运用其表演能力。一个亲密社会里的成员，会成为被剥夺技艺的艺术家。"[18] 如今，世界不再是一个提供角色扮演和仪式性姿态（rituelle Gesten）的剧场，而是一个用来裸露和展示自身的市场。剧场表演让位于私人的色情展示。

社交和礼貌在表演中也起了很大作用。它们是一场有着美丽外表的游戏，预设了一个戏剧场景般的距离。如今，人们以本真性或真实性的名义，抛弃了美丽外表和仪式性姿态，因为这些都是外在的东西。但这种真实无异于粗糙和野蛮。对本真性的自恋式崇拜，是造成社会日益残暴的原因之一。如今，我们生活在一种冲动文化（Affektkultur）中。仪式性的姿态和社交形式一旦瓦解，冲动和情绪就占了上风。在社交媒体中，构成公共领域的各种场景画面的距离也被撤销，结果造成一种没有距离的冲动交际。

自恋式的本真性崇拜，使我们对形式的象征性力量视而不见，它对感觉和思想产生了非同小可的影响。可以想象发生一场仪式的转变，从而令形式重新获得首要地位。这一转变会颠倒内在与外在、心灵与身体的关系。身体带动心灵，而不是相反。不是身体追随精神，而是精神追随身体。人们或许还会说：媒介生产信息。仪式的力量正在于此。外在形式导致内在变化。因此，出于礼貌的姿态，会产生精神效应（mentale Auswirkungen）。美丽的外表催生美丽的灵魂，而不是相反："礼貌的姿态对我们的思想有很大的力量，它有助于治疗坏情绪，也有助于对抗胃痛，当你模仿善良、仁慈和快乐时；因为相应的动作——鞠躬和微笑——具有的好处是，使愤怒、猜忌和悲伤等与之相反的动作无法产生。这就是社会活动如此受欢迎的原因：它们提供了模仿幸福的机会，而这种喜剧肯定能使我们从悲剧中得到治愈，这并不罕见。"[19]

　　与本真性文化并行的，是对礼节性互动形式的不信任。只有自发的感觉活动，即主观状态，才是本真的。刻意塑造的行为被不屑一顾，因为那是不真或外在之物。在本真性社会中，行动是内在引导，由心理驱动；而在仪式性社会中，外化的互动形式决定了行动。仪式将世界客体化。它们传达了一种世界关联。另一方面，本真性强制使一切都变得主观。因此，它加剧了自恋的程度。如今，自恋症因此日益严重，因为我们越来越多地失去了自我边界之外的社会互动意识。自恋的心理人（homo psychologicus）被困于自我之中，被困于他错综复杂的内在。他活在自我的贫乏世界里，导致他只围着自身转，这使他陷入抑郁症。

一旦自恋横行，戏剧性在文化中就消失不见了，生命越发失去欢快和松弛的气氛。文化远离了那个神圣的游戏领域，劳动强制和绩效强制加剧了对生命的亵渎。游戏的神圣的严肃性，让位于劳动的世俗的严肃性。

詹姆斯·邦德系列电影也反映了这种发展。它们正变得越来越严肃，越来越缺乏游戏性，最近几部甚至在片尾打破了男欢女爱的仪式。《天幕危机》的最后一幕就令人不安。邦德没有沉浸于无忧无虑的鱼水之欢，而是接到上司 M 的下一个任务。M 问邦德："活儿多着呢。准备回来开工了吗？"邦德一脸严肃地答道："很荣幸，M……很荣幸！"

这些仪式空间正在日益严重地遭到侵蚀。在这些空间里，可以发生游戏性、节庆式的放浪形骸，因此这些空间里的破格和夸张举止从世俗生活中脱颖而出。文化正在被世俗化。如今，像《极乐大餐》（La Grande Bouffe）这样的电影只会让人感到无法理解。越轨行为通常是节日仪式所固有的："它（指文化）命令并创造了庄严的例外情况。在例外情况下，通常不被允许之事突然能拿上台面，并且在越轨的仪式中化为结伴寻欢、高奏凯歌，甚至是暴风骤雨般的激情。禁止食用某种动物的图腾社会，在此提供了一个值得注意的（也是弗洛伊德所熟悉的）例子。在一年中的某个时间，禁令被搁置，取而代之的一条律令是：人人都得吃禁忌餐。——乐事一桩。"[20]

文化的世俗化导致了对文化的祛魅（Entzauberung）。如今，艺术也越来越被世俗化，被去除魅力。魔法和魅力本是艺术的起源，而今离它远去，让位于对话。有魅力的外界被真实的内在取代，魔法的符号被世俗的符号取代。对话性的内容取代了令人信服的、引人入胜的形式。魔法让路给透明性。透明性律令使人对形式产生敌意。就其意义层面而言，艺术变得透明，它不再具有诱惑力。魔法的外壳被扔掉了。形式本身不再言说。浓缩、杂合、多义、夸张、高度的模棱两可甚至矛盾重重，是形式语言、符号语言的特点。它们暗示了一种意义，而不是立即彰显出意义。现在，它们不见了，以迎合那些叠加在艺术作品上的简化了的意义和信息。

对艺术祛魅，把艺术变成了新教产物。它被去除了仪式性，失去了张扬浮夸的形式："在 20 世纪 80 年代末之前，艺术空间看起来还像天主教堂一样，有许多五颜六色和生动活泼的形式形态；在那时之后，各个艺术协会像极了新教产物，向内容、口语或书面语看齐。"[21] 艺术（Kunst）不是对话（Diskurs）。它是通过形式，通过能指而不是所指发挥作用的。对艺术来说，内化的过程是摧毁性的，它把艺术变得如同话语，丢掉神秘莫测的外表，去投靠世俗的内在世界。艺术的祛魅是一种自恋现象，自恋式地转向内在。

集体自恋撤销了爱欲，使世界失去魅力。文化中的情欲资源正在明显地枯竭。它们也是维系一个共同体的力量，并激发其进行游戏和庆祝。没有它们，就会导致社会的原子化，那将是毁灭性的。仪式和典礼是真正的人类行为，令生命显得喜庆又神奇。它们的消失是对生命的亵渎和庸俗化，是把生命变成生存。因此，通过对世界重新附魅（Wiederverzauberung），可望获得一种治愈的力量，以抵御集体自恋。

闭合的仪式

Rituale des Schließens

对边界的开放和消除已经泛滥无度，且成为当下的主流。它使我们荒废了闭合的能力，把生命变成纯粹的加法。死亡的前提是，生命本身会完成。如果生命被剥夺任何完成的可能性，它就会在一个不恰当的时刻结束。如今，就连感知也无法闭合了，因为它从一个轰动事件（Sensation）奔赴另一个轰动事件。只有沉思性的驻留才有可能闭合。闭上眼睛是沉思性闭合的象征。纷至沓来的图像和信息让人无法闭眼。如果没有否定性的闭合，就会造成无尽的叠加积累，造成肯定性的过剩，造成信息和交际的癌式扩散。有可能无尽连接的空间里，没有可能闭合。随着过度生产和过度消费，闭合的形式被消除殆尽，这导致系统的梗塞。

新自由主义要求优化和绩效，不允许出现闭合。它把一切都变成了临时和未竟。没有什么是最终的和完成的。被迫进行优化的不仅是软件，还有一切生命领域，甚至教育也不例外。终身学习不容任何完成，这无异于终身生产。新自由主义的专制正在消除闭合形式与完成形式，以提高生产力。即使有能力共同行动的"我们"，也是一种闭合的形式。如今，"我们"瓦解成了自愿剥削自身的一个个自我，成了自身的雇主。各种责任义务，作为闭合的形式正在被消除。通过无情地破坏责任义务，强制实现灵活性。当形单影只的绩效主体对一切都保持开放，当他如此灵活可塑，他就是在最彻底地自我剥削。

无力结束，也与自恋有很大关系。自恋的主体不是在已结束的事情中，不是在已完成的工作中，而是在不断推陈出新的绩效中得到最强烈的自我体验。已经结束的，已经完成的，作为自我的一个对象，独立于自我而存在。这样一来，主体就避免去完成某件事情："期望值的不断提高，使各自的行为永远不会成为令人满意的体验，相应地，也就无力对任何事情作结。那种达到一个目标的感觉被规避了，因为这将使一个人自身的经验客观化，它将具有一个形态、一种形式，并因此独立于自我而存在。……自我的恒定性，其未被完成和不可完成（Unabgeschlossenheit und Unabschließbarkeit）的持续激动状态，是自恋的一个基本特征。"[22]

开放和消除边界，在社会的各个层面持续泛滥无度，这正是新自由主义的律令。全球化还消除了所有闭合的结构，以加速资本、货物和信息的流通。它把世界去边界化、去地方化为一个全球市场。地方是一个闭合形式。全球市场是一个非－地（Un-Ort）。数字网络也消除了地方。网络同样是一个非－地，所以在网络里是不可能定居的。我们在网上冲浪。游客在没有固定地方的世界中旅行。他们本身就像货物和信息一样不断流通。

匈牙利作家彼得·纳达斯在他的散文《谨慎安置》（"Behutsame Ortsbestimmung"）中描述了一个村庄，这个地方有闭合的仪式。在村子中央矗立着一棵古老的野梨树："自从我住在这棵巨大的野梨树附近以来，当我想要眺望远方或回首过往的时候，就不必再离开。"[23] 这个村庄代表了一种闭合的秩序。它使人们可以流连忘返。因此，人们不必"离开"。一种引力从古老的野梨树上散发出来，使人们团结在一起，产生深厚的感情。村里的居民聚集在那里，唱起一首歌："温暖夏夜里，人们在野梨树下轻轻哼唱。村子在轻唱。当然不想将夜晚冒昧打扰。"[24] 在这个地方，没有太多交际。没有因交际而起的噪声扰乱清净："人们感觉到，这里的生命内容不是个人经历……而是深沉的静默。这当然可以理解，因为一个拥有个体意识的人，总是不得不说出比他所知要多的东西；然而在前现代环境中，每个人说的东西都大大少于人所共知的。"[25] 在野梨树下，村庄沉浸在"礼仪沉思"，也就是一种仪式性沉默当中，并为"集体意识的内容"而祝福。[26] 闭合的仪式稳固着这个地方，创造出一个认知图谱（kognitives Mapping）。然而，这个图谱正在数字化和全球化的过程中解体。

村民们生活在深厚的情感关系中，感知和行动都以集体为单位。人们同观看，共聆听，行动不属于任何特定的主体。"当村子里的人做了什么或感知到什么，无论行动还是感知，都没有主体，没有人物，也就是说参与行动或感知的人们被集体意识仪式性地吞噬了，他们的经历被赋予了代表这个地方的通用名词。"[27] 集体意识制造了一个没有交际的共同体，不断重复着一个宏大的叙事，这就是村民们的世界："他们对任何家长里短都没有意见，但他们不停地讲述唯一的一个宏大故事。"[28] 村里有一种心照不宣的默契，没有人用一己的经验和意见来扰乱它，没有人试图让别人聆听或注意自己。如果想求得关注，首先也是为了共同体。仪式共同体是一个倾听和归属的共同体，是一个默契的共同体。恰恰在源始亲密关系消失的地方，才会出现过度交际。没有交际的共同体，让位于没有共同体的交际。

　　故事是个闭合的形式。它有始有终。它的特点是有一套闭合的秩序。相反，信息则是附加的，不是叙事性的。众多信息没有凝聚成一个故事，没有凝聚成一首创造意义和同一性的歌曲。它们只允许无止境的积累。古老的野梨树上一片寂静，因为一切都已经被讲述过了。如今，交际的噪声取代了沉默。《谨慎安置》结尾的那句话让人隐隐作痛："如今不再有被选中的树，村庄的歌声已然沉寂。"[29]

　　《谨慎安置》中的第二篇文章是《自己的死亡》（"Der eigene Tod"）。在这里，纳达斯描述了他与死亡擦肩而过的经历，那次死亡直接迎来了新生。它形成了一个闭合的形式。在这里，死亡不是一个结束，不是一种损失。它被想象为一个新的开始。在死亡通道的尽头，可以看见一道亮光，它变成一条产道："我从母亲的子宫中滑出，进入产道。……椭圆形的开口，是我母亲那被扯开的外阴，那是我从产道方向认出的。我知道母亲的外阴如何被扯开，在我快要生出来的时候，张得越来越大。"[30] 死亡的时刻骤然变成了出生的时刻，就这样形成一个生死周期的交互关系，它创造了一种无限。野梨树体现了周期性时间，而人类的生命则被类比为那个周期。散文《自己的死亡》被一百五十多张老野梨树的照片结结实实地环抱着。众所周知，纳达斯近乎疯狂地拍摄了这棵树在所有季节里的样子。在这里，摄影是一种闭合的仪式。这些照片创造了一种奇特的时间感，一种周期性的时间，也就是说，一种自我闭合的时间。

纳达斯笔下的那个村庄当然不是什么友善之地。对于一个古老的集体，不要期待什么有朋自远方来的热情好客。鉴于原教旨主义的闭合有可能带来暴力，就不要天真地赞美这里的闭合。如今重现端倪的民族主义蕴含了对那种闭合的要求，也就是排除他者和陌生者。然而，不容忘却的是，不仅全面闭合的否定性是暴力，而且过度开放的肯定性也是暴力，也会招致一种反暴力（Gegengewalt）。

人是一种地方生物（Ortswesen）。有了地方，才有居住和驻留的可能。地方生物未必是地方原教旨主义者。他并不排斥热情待客。由世界的全球化而造成的彻底的去地方化才具有破坏性，因为它将所有差异欻平，只允许大同小异。他者性，陌生性，都会阻碍生产。这样一来，全球性就造成了同质化的地狱。正是这种全球性暴力当前，地方原教旨主义才觉醒了。

　　文化是一种闭合的形式。因此，它创造了一种同一性。然而，它不是一种排他性的而是一种包容性的同一性。因此，它可以接受陌生者。黑格尔在谈到希腊文化的起源时说："我们刚刚谈到陌生性是希腊精神的要素之一，众所周知，文化的起源与陌生者来到希腊有关。"[31] 在他看来，希腊人在他们的神话中以感激的心情保留了陌生者的故事，因此，普罗米修斯来自高加索地区。按照黑格尔的看法，"以为一个保持血缘关系和友谊的种族靠简单发展就能得到美的和真正自由的生命，这是一种肤浅的愚蠢"[32]。相反，它"本身就是陌生者，只有通过它（即精神）获得作为精神的力量"。精神是一种闭合，一种包容性力量，然而它把他者，即陌生者，纳入自身。自身的陌生性对精神的形成很关键。如今动辄显形的主流文化是没有精神的，因为它盲目地排除了陌生者。主流文化作为一种怀旧乌托邦[33]的形式，存在于想象中。

全球化通过文化空间的去边界化和内爆，从而去地方化为超文化。[34] 因此，它们在无空间的并置中重叠并相互渗透，一个文化超卖场就这样产生了。超文化是一种文化消费模式，它以商品的形式呈现。它没有边界，没有中心，像块茎一样扩散开来。纳达斯的那棵野梨树正是地方文化的象征，它与块茎相反。去地方化的超文化是叠加式的，它不是一个闭合的形式："树是血统关系，但块茎是联盟，完全、绝对地是联盟。树需要动词'是'，但块茎在连词'与……与……与'中找到了关联。这个连词的力量足以撼动和拔除动词'是'。"[35] "是"是一个表示地方的动词。"与"的逻辑在超文化中撤销了地方。德勒兹所颂扬的那种无尽的联合最终是毁灭性的，它会导致同者的癌式扩散，也即导致同质化的地狱。

文化超卖场中也看不到陌生者。它避开了消费。全球不是一个精神的场域，因为后者预设了一个"自身的陌生性"。陌生者使人活跃，甚至激活精神。具有凝聚效力的地方原教旨主义，也即主流文化，是对全球化下新自由主义超文化做出的回应，是对超文化下无地方性的反应。这两种文化形式不可调和，势不两立。不过，它们有一个共同点，即都没有机会触及陌生者。

仪式的废除，首先导致本真时间（Eigenzeit）的消失。本真时间与生命阶段相对应："这就是可以称为本真时间的东西，也是我们大家通过自己的生命经验所熟悉的东西。本真时间的基本形式是童年、青年、成年、老年和死亡。……使人年轻或年老的时间不是钟表上的时间，后者之中显然存在着不连续性。"[36]仪式塑造了生命中的基本过渡。它们是闭合的形式。没有它们，我们就会一滑而过。我们就这样老去（altern），而不是变老（alt zu werden）。或者我们一直都是幼稚的消费者，永远不会长大成熟。本真时间的不连续性，让位于生产和消费的连续性。

过渡仪式（rites de passage）就像一年四季一样安排着生命：跨越一个门槛（Schwelle），意味着完成人生的一个阶段并进入新阶段。作为过渡，这些门槛赋予空间和时间以节奏、清晰性，甚至叙事性。它们使人能够对秩序有深刻的体验。作为过渡的门槛，要求投入大量时间。如今，它们正在被摧毁，以支持加速的、无缝的流通和生产。如此一来，我们在空间和时间上都变得日益贫乏。我们在努力生产更多空间和时间，同时也失去了时空。时间与空间失去了自己的语言，陷入沉默。门槛是会说话的，是会转换的。门槛之外是他者，即陌生者。没有了门槛的幻想，没有了门槛的魔力，就只剩下同质化的地狱。建构全球化，是通过对门槛和过渡的无情拆解。信息和商品更喜欢一个无门槛的世界。毫无阻力的平滑加速了它们的循环。投入大量时间的过渡，现在瓦解为快速便捷的通道、连续跳转的链接，以及没完没了的点击。

节日与宗教

Fest und Religion

上帝祝福第七天并赋予其神圣含义。安息日要休息，这赋予创世工作以神性的庄严。这一天的休息并不是单纯的无所事事。相反，它构成了创世的一个重要部分。拉什（Raschi）在他对《创世记》的评论中指出："经过六天的创造，世上还缺少什么呢？缺少menucha（'无所事事''休息'）。有了安息日，有了menucha，世界就完整了。"[37] 安息日不是跟在创世之后，恰恰相反，它使创世活动结束。没有它，创世就不会完成。在第七天，上帝不只是放下已完成的工作来休息。相反，休息正是其本质，它结束了创世，是创世的精髓。因此，如果我们让休息从属于工作，我们就错过了神性的东西。

在弗朗茨·罗森茨维格（Franz Rosenzweig）看来，安息日是一个"创造的节日"，一个"休息和沉思的节日"，一个"完成的节日"。最重要的是，在安息日，人们"让自己的舌头从日常话语中得到休息"，并让自己"静静聆听上帝的声音"[38]。安息日要求保持静默。嘴巴必须闭上。无声的倾听把人们团结起来，创造了一个没有交际的共同体："……只有在沉默中，人们才会团结起来，话语使人团结，但团结起来的人一起沉默。——因此，小圈子里一整年收集永恒阳光的凹面镜，即礼仪，必须把人们引入这种沉默。当然，即使在礼仪中，共同沉默也只能是此前完成的最后一件事，一切都只为这最后一件事做铺垫。在这类教育中，语言仍然是主宰。语言本身必须引导人们学会一起保持沉默。这种教育从教人们学习倾听开始。"[39]

神圣性要求安静："Myein，落成仪式，在词源上代表'闭合'——眼睛，但首先是嘴。在神圣仪式的开始，典礼官'命令'人们'安静'（epitattei ten siopen）。"[40] 沉默教人倾听。它与一种特殊的敏感，与一种深度的、沉思的专注相辅相成。如今的交际强制意味着我们既不能闭上眼睛，也不能闭上嘴巴。这是对生命的亵渎。

在这个遍及浮光掠影的数字网络中，安静和沉默毫无立足之地。它们预设了一个垂直的秩序。数字通信是平面的，那里没有什么突出或深化。它不是强度的，而是广延的，这导致了交际噪声的增加。因为我们无法沉默，所以我们必须交际。或者我们不能沉默，因为我们受迫于交际强制、生产强制。自由，从要求静默的话语中解脱的自由，表现为交际强制。自由再次变成了强制。

不仅在犹太教中，而且在一般的宗教中，休息都是节日的根本。它带来一种特殊的生命强度："然而，与繁忙日常的躁动相比，休息是节日本质的一部分：这种休息将生命强度和沉思结合起来，甚至在生命强度跃升到癫狂的时刻，也能将二者统一起来。"[41] 如今，那种节日里的休息对我们来说已经完全消失不见。它的特点是同时拥有生命强度与沉思。正是在现代晚期危机中，在表现为多动症的积极生活（vita activa）将沉思生活（vita contemplativa）纳入自身的时刻，生命才达到一种真正的强度。

休息属于神圣的范畴。相反，劳动则是一种世俗的活动，在宗教行为期间必须完全停止。休息和劳动代表了两种根本不同的存在形式。两者之间存在着生存论上乃至神学上的差异。休息不仅仅是为了从劳动中得到恢复，也不仅仅是为了一份新工作而养精蓄锐。相反，它超越了劳动，不能以任何方式与劳动打交道："但劳动是最初也是最明显的世俗行为。除了满足日常的生活需要，劳动没有其他凭空想象出来的目的。仅仅劳动就可以使我们沾上人间烟火气。另一方面，宗教生命在节日里达到非凡的强度。这两种存在的对比此刻尤为鲜明，所以它们不能共存。如果人身上还带着世俗生命的痕迹，他就不能亲密地接近他的上帝。反之，如果仪式使他成圣，他就不能回到他惯常的营生。因此，仪式性休息不过是那种普遍不可调和性的一个特例，正是那种普遍不可调和性区分了神圣和世俗。"[42] 如果休息近乎劳动之余的恢复，就像今日之所见，那么休息就失去了它存在论上的剩余价值（ontologischen Mehrwert）。这样一来，它就不再代表一种独立的、更高的存在形式，而退化为劳动的衍生品。如今的生产强制使劳动成了永动机，从而使那种神圣的休息遁于无形。生命被完全世俗化，被亵渎了。

劳动属于世俗领域，它使人孤立无援，形单影只，而节日则使人聚集起来，结为一体。节日的周期性源于这样一个事实：人们会定期感到聚集在一起的需要，因为集体性是他们的本性。节日周期符合劳动和休息、分散和聚集的往复交替："构成宗教狂热的本质是节日周期，它在固定时间内规律性地重复出现。现在我们能够理解，对这种规律性重复的偏好究竟来自哪里：宗教生命所服从的节奏只是社会生活节奏的一种表现，前者是后者的结果。社会只有在聚集的前提下，才能使其自身的感觉活跃起来。但它不能一直进行这种聚集。要把日子好好过下去，就不允许社会无休止地聚集。所以社会会解散自己，以便在它觉得有必要时再次聚集。这种必要的交替变化，遵循神圣时间和世俗时间的定期交替。……此外，这种节奏可能会在不同社会有不同的表现形式。如果解散时段很长，长到极点，那么聚集的时段也会大大延长。"[43]

节日作为游戏，是生命的一种自我表达。它的特点是过剩。它表达了一种不追逐任何目标的丰盈的生命。它的强度正在于此。它是生命的强化形式。在节日里，生命只关乎生命本身，而不是让自己从属于一个外在目的。如今，时间完全受控于生产强制，是没有了节日的时间。生命日益贫乏，僵化成生存。

我们庆祝节日，但不可能庆祝劳动。我们可以庆祝节日，因为节日就像一座建筑一样常驻在那里。节日时间是一个常设时间。它过去了，但没有流失。它让驻留成为可能。时间作为一连串短暂的、转瞬即逝的时刻，被按下了暂停键。没有让人奔赴的目的地。恰恰是奔赴，让时间流逝。节日的庆祝活动抵消了时间的流逝。节日中蕴含了一些不朽之物。节日时间，是一个高光时间（Hoch-Zeit，字面意思为"婚礼时间"）。艺术也起源于节日："艺术中的时间体验，本质在于我们学习驻留。这或许相当于我们所谓永恒。"[44]艺术的本质在于赋予生命以持久性："'在犹豫不决的时刻，可能会有一些持久的东西'——这就是今天的艺术、昨天的艺术，以及自古以来的艺术。"[45]劳动的强制性破坏了生命的持久性。劳动时间是一个正在逝去、正在流失的时间。如果生命时间与劳动时间完全吻合，生命本身就变得极为易逝。

对荷尔德林来说，节日是一个"高光时间"，是与众神共度的高尚时光。在节日里，人们更接近神灵。节日在人与人之间以及人与神灵之间建立了一个共同体。它使人们能够参与到神性之中。它带来了厚度。诸神体现了人类生命的本质。在劳动和生产中疲于奔命的生命，是生命的绝对最弱级。

高光时间也即高校时间（Hoch-Schule）。在古希腊语中，学校是 scholé，即休闲。相应地，高校就是高级的休闲。如今，它已不再是高级的休闲，它本身已成为一个必须生产人力资本的生产场所。它提供培训而不是教育。教育不是一种手段，而是目的本身。在教育中，精神指向自身，而不是让自身从属于一个外在目的。

中世纪的大学完全不是培训机构，那里是演绎仪式的场所。权杖、印章、博士帽、职务项链和长袍都是权力和学术仪式的标志。如今，大学里的各种仪式被消除殆尽。作为一个拥有客户的企业，大学不需要仪式。仪式无法与劳动和生产相容。即便它们被重新启用，也只是装饰性的，毫无效力。它们不过提供了又一个机会，进行自拍或看到自己的成绩得到确认。在一切都按照生产模式塑造的地方，仪式消失不见了。

如今的节日或节庆活动与那个高光时间没有什么关系。它们是事件管理的对象。事件作为节日的一种消费形式，具有完全不同的时间结构。它可以追溯到拉丁语的 *eventus*，意思是"突然出现"。它的时间性是不可测的，是随机的、任意的、没有约束力的。然而，仪式和庆祝活动却并不是偶然和无约束力的。偶然性是如今事件社会（Eventge-sellschaft）的时间性。它与节日的约束力和义务性格格不入。与节日相反，事件也不会制造出一个共同体。节庆活动是大众性活动。大众不会形成共同体。

新自由主义制度把生产变成了极权。于是，生命的所有领域都要受制于它。生产的极权化导致生命的完全世俗化。即使休息也被生产占用，并被降级为休闲，成为一种恢复性休息。它并没有迎来一个神圣的聚会期。对某些人来说，休闲是一段空档的时间，是一种空虚的恐惧（*horro vacui*）。越来越大的绩效压力，甚至让忙里偷闲也变得不可能。许多人正是在闲暇时生病的。这种病已经有了一个名字：休闲病。在这里，休闲时间代表了劳动的一种折磨人的空洞形式（Leerform）。积极的、仪式性的休息，让位于折磨人的游手好闲。

劳动有始有终。因此，劳作期之后是休息期。另一方面，绩效既无始也无终。绩效没有期限。作为新自由主义的必然要求，绩效把劳动调成永动模式。正如埃米尔·迪尔凯姆（Émile Durkheim）指出的，在仪式社会里，如果劳作期即分散活动期过长的话，那么集体生活、节日活动有时候会达到一种过度的形态，也即一种狂热。节日一个接一个。如今，劳动恰恰呈现出一种狂热的形态，感觉不到有任何节庆和聚集的需要。生产强制就这样导致了共同体的崩溃。

资本主义经常被解释成宗教。但是，如果人们把宗教理解为 *religare*（拉丁语，字面意思为"捆绑"），理解为约束，那么资本主义就绝对不是宗教，因为它缺乏任何聚集性和一体化的力量。金钱就已经有个体化和孤立化的功效。它把我从与他人的私人联系中解放出来，以此增加我的个体自由。例如，我付钱让别人为我劳动，而不与他们建立私人关系。宗教的本质则是沉思性的休息，这是与资本截然相反的景象。资本不会休息。就其本质而言，它必须一直处于劳作和运动中。人与它相似，因为他自己失去了所有沉思性休息的能力。此外，将神圣与世俗区分开来，从根本上说就属于宗教范畴。神圣之物将那些使共同体充满活力的事物和价值统合起来，共同体化是其本质。相反，资本主义通过把一切世俗化来耖平这种区分。它使一切都可以拿来比较，从而也就没有差别。它制造了一个同者的地狱。

基督教是高度叙事性的宗教，复活节、五旬节和圣诞节等节庆是整个叙事中的亮点，提供了意义和指南。每一天都获得了一种叙事的强度，一种来自整体叙事的意义。时间本身变得具有叙事性，也就是具有重要性。资本主义不是叙事。它不叙述任何东西。它只是在计算。它拿走了时间的全部意义，使其被世俗化，成为劳动时间。日子由此变得千篇一律。

阿甘本先把资本主义和宗教等同起来，又把朝圣者和观光客放在同一水平线上："寺庙里的信徒，或跋山涉水从一个寺庙到另一个寺庙、从一个朝圣地到另一个朝圣地的朝圣者，相当于如今在一个被异化成博物馆的世界中疲于奔命的观光客。"[46] 朝圣者和观光客实际上属于两个完全不同的秩序。观光客在毫无意义的非-地中旅行，而朝圣者则被约束在聚集和连接人们的地方。聚集是地方的本质："地方向着自身聚集，成为至高和至大。聚集弥漫和渗透一切。这个地方，这种聚集，自我追赶，保留被追上的东西，但不像一个封闭的胶囊，而是以一种透视和照亮聚集物的方式，这样才能释放到它的本质中去。"[47] 教会也是一个聚集之地。Synagogue（会堂）可以追溯到希腊语中的 synagein，像 symbállein，意思是发起聚会。它是一个共同庆祝宗教仪式的地方，也就是说，在这里与他人一起关注神圣事物。宗教

是 *religare*，同时也是 *relegere*，即专注、凝神。这就是寺庙与博物馆的不同之处。博物馆参观者和观光客都没有形成一个共同体，他们是大众或人群。地方也被世俗化为景点。到此一游是 *relegere* 的消费公式，它缺乏深度关注。景点与那个照亮聚集者并将其释放到其本质中的地方有着根本不同，前者没有创造共同体的具有象征意义的深层效应。在景点，人们只是路过，那里不容驻留和徘徊。

　　面对越来越多的生产强制和绩效强制，从生命中开发别样的、游戏性的方式是一项政治任务。当生命不再屈从于外在目的，而是关乎生命本身时，它就重新获得了游戏性。那就是沉思性的休息。如果生命完全失去了沉思性元素，人就会在自己的活动中窒息。安息日由是表明，沉思性的休息、安静，对宗教是必不可少的。就是在这个方面，宗教与资本主义也截然相反。资本主义不喜欢安静。安静将是生产的零点，在后工业时代，它也将是交际的零点。

生死游戏

Spiel um Leben und Tod

游戏的荣耀与主权并驾齐驱，主权的意思无非是脱离了必要性、目的性和实用性。主权揭示了一颗"超越功利心"的灵魂。[48] 正是生产强制破坏了作为生命形式的主权。主权让位于一种新的服从，却伪装成自由。新自由主义的绩效主体是一个不折不扣的仆人，它自愿在没有主人的情况下剥削自己。

乔治·巴塔耶区分了两种类型的游戏：强游戏和弱游戏。在一个功利主义成为主导原则的社会中，只有弱游戏才被认可。它符合生产的逻辑，因为它相当于从劳动中恢复元气。另一方面，强游戏不能与劳动和生产原则相协调。它让生命本身铤而走险。主权让它与众不同。

巴塔耶指出，詹姆斯·乔治·弗雷泽在他的《金枝》

一书中讲述了印度喀拉拉邦的一个仪式:"卡利卡特国王的王位和生命取决于一场战斗的结果,这个节日被称为'大牲节',每十二年举行一次……仪式举行得非常隆重。地址靠近如今的铁路线。经过时正好可以瞥见寺庙,它几乎隐藏在河岸边的树丛后面。从寺庙的西门出发,有一条笔直的小路,勉强高出周围的稻田,被一条美丽的林荫道掩映着;一直走了半英里,来到一片群山之巅,山岩陡立,上面还可以看到三四个缓坡。就在这些缓坡的最高处,在那个多事之秋,国王开始布阵。上面的景色非常壮观。温柔的河水蜿蜒流过平坦的稻田,人们的视线向东延伸到高地,那儿的下坡隐藏在森林中;而在远处,宏伟连绵的西盖茨山脉清晰可见,在它的后面,湛蓝的天空下,几乎看不见耸立的尼尔赫里斯或蓝山。

"可是,在这个决定命运的时刻,国王的目光并没有投向这些辽远之地。一场近在眼前的好戏吸引了他的注意力。因为他脚下的整个平原上,是熙熙攘攘的军队,他们的旗帜在阳光下欢快地飞扬,无数个营地的白色帐篷在绿色和金色的稻田中显得格外醒目。四万多名战士聚集在那里保卫国王。当平原上布满士兵,从寺庙通往国王所在地的道路上却不见一兵一卒。那里连个人影都没有。道路两边都被栅栏封闭，从每一边的栅栏里都探出一排长长的长矛，被结实的手臂举着，伸向空旷的道路；矛尖在空中相接，形成一个钢铁拱门。

"现在一切准备就绪。国王挥舞着手中的剑。同时，一条纯金的大链子被放在他身边的大象身上。这是一个标志。同一时刻，在半英里外的寺庙门口可以看到一场运动。一群全副武装的人从人群中走出来，披戴着鲜花，身上撒了灰。他们刚刚吃了在地球上的最后一顿饭，现在正接受朋友们最后的祝福和临别的问候。片刻之后，他们从长矛大道上走来，向长矛手们左击右刺，在刀锋下蠕动、扭曲，仿佛身上没有骨头。一切都无济于事。他们一个接一个地倒下，有的靠近国王，有的离得远，准备用死亡来向世人证明他们英雄无畏，剑术卓绝。在接下来的十天节日里，同样是展现骁勇，同样是白白牺牲性命，一次又一次地重复。"[49]

我们与这种古老的仪式已然疏远，因为它体现了一种基于不遗余力的耗费（Verausgabung）和游戏的生活方式。它与我们的生活方式截然相反，后者以劳动和生产为主导。在一个宣布纯粹生命为神圣的社会里，那种仪式似乎是彻底的疯狂，是残酷的戏剧。痴迷于生产的社会，无法接触到强游戏，无法接触到作为生命强度的死亡。在那个古老的社会里，牺牲之物多于生产之物。*Sacrifcium*（牺牲）指生产神圣的东西。神圣的前提是去—生产（Ent-Produktion）。生产全面化（Totalisierung der Produktion）使生命失去了意义。

那些古老的战士并不是士兵。士兵的字面意思是"拿军饷的人"，他是一个仆人。因此，与作为游戏者的主权战士相比，他害怕死亡。他冒着生命危险，因为他得到了军饷。作为雇佣兵的士兵是一个挣工资的人、一个工人、一个雇员。他不是在游戏，他用自己的生命进行交易。以主权为原则的强游戏与生产型社会不相容，后者以效用、效绩和效率为导向，宣布纯粹的生命、生存、健康和永生为绝对价值。强游戏废除了劳动和生产的经济学。死亡不是损失，不是失败，而是最大的活力、力量和快乐的表达。

生产型社会受制于死亡恐惧。资本如同提供了死亡保险。它是想象中积累起来的时间，因为有了钱就可以让对方为自己劳动，也就是说可以购买时间。无限的资本创造了对一种无限时间的幻觉。资本的作用是击退死亡，因为后者是一种无条件的损失。资本必须废止有限的生命时间。巴塔耶怀疑，对死亡的恐惧就在强制性积累的背后："如果你告诉一个有钱的工业家，一首诗的真理是强大的，与他大量的股票相比是完全主权的，而他那软弱的真理来自恐惧，这恐惧征服劳动世界——出于死亡恐惧所要求的普遍压制，那么他一定会大笑，或礼貌地耸耸肩。"[50]

将死亡从生命中驱逐出去，对资本主义生产具有建构性意义。死亡是要被生产出去（wegproduziert）的。因此，要对抗生产强制，就要同死亡进行象征性交换："将死亡与生命分开正是经济世界的操作——剩下的是一个残余的生命，现在可以在计算和价值的运作表达（operationellen）中读到。……将生命还给死亡，这是象征性的操作。"[51] 古代社会不懂得生死之间泾渭分明。死是生的一个面向。只有在与死的象征性交换中，才有生的可能。入会和献祭仪式是调节生死之间多种过渡的象征性行为。入会是死亡之后的第二次诞生，是一个生命阶段的结束。互惠性是生与死之间关系的特点。节日代表巨额耗费，意味着同死亡的象征性交换："象征性死亡不受制于作为死亡现实起源的这种想象性的生死相隔，它在节日仪式中败北并交换自己。"[52] 因此，生产型的时代是一个没有节日的时代，它受制于一种不可逆转的无止境的增长。

如今，几乎没有任何人物的生命以主权、以对游戏的热情为特征。导演维尔纳·施罗特是一个强游戏者。他的最后一部电影《犬之夜》(*La nuit de chien*)展示了强游戏、主权和纯粹的耗费。当被问及他在电影中构建的"乌托邦形式"的核心是什么，施罗德回答说："是死亡。是选择死亡的自由。电影的美妙之处在于，我用所有大场面去实现这些——并没有像当下我的许多同行那样奉之为精致的干果碎蛋糕。这种心理上的碎裂——接下来说不定老奶奶又能回春。不，那是另一个世界。我的整个生命就是一个乌托邦，因为我总是活在希望里。我积极思考，这就是为什么我得了病还能活到今天的原因，很神奇。我大费周章地在波尔图拍摄了九个星期：每天从晚上六点工作到早上六点。呕心沥血。我宿命般地遭遇各种情况，但没有屈服，既没有屈服于自己，也没有屈服于他人。于是就成功了：人可以战胜对死亡的恐惧。它并不属于我的世界。我甚至不知道它是什么时候离我而去的。"[53] 施罗特在他的电影里创造了一个乌托邦，在这个乌托邦中，死亡表达了一种强度，是一种有强度的生命形式。它是一种绝对的耗费，是主权的表达。

米歇尔·福柯对维尔纳·施罗特的电影印象非常深刻，于是就有了两人之间的一次对谈，内容关于情色和激情，关于死亡和自杀。施罗特将死亡的自由描述为一种无政府主义的感觉："我不害怕死亡。这话说得可能目中无人，但这是事实。沉着面对死亡是一种无政府主义的感觉，对现有社会形成了威胁。"[54] 主权，即死亡的自由，对以劳动和生产为导向的社会是一种威胁，那个社会试图借助以健康为目的的生命政治来增加人力资本。那种乌托邦是无政府主义的，因为它从根本上与那种宣布单纯的生命也即生存为神圣的生命形式决裂。自杀是可以想象的对生产型社会最激烈的拒斥。它对生产系统提出苛求。它代表着同死亡发生象征性的交换，撤销了资本主义生产导致的死亡从生命中的分离。

在谈话中，福柯说："一段时间以来，我也一直在关注，要接受自杀是多么困难的事情。……此外，自杀被社会上认为是极其负面的事情。人们不仅说自杀不好，还说如果有人自杀，一定是遇到特别糟糕的事。"[55] 施罗特脑海里有一个念头，那就是与一种极致快感、一种强度同时存在的自决性的自杀："我不明白一个极度沮丧的人怎么会有力气去自杀。我只能在恩宠的状态下自杀，在极度快乐的状态下自杀，但绝不会在抑郁的状态下自杀。"[56]那种极度快乐是一种强度，一种生命强度。抑郁症患者没有能力自主自杀，他的自杀不是表达对生命的肯定。相反，他之所以被迫走到这一步，是因为生命已经变得空虚、无意义和无法忍受，因为他已经疲惫不堪，因为他无法再生产，无法自我再生产。他出于对生命的否定而自杀。这不是自杀，而是被迫死亡，是精疲力竭而死，唯独在新自由主义的生产关系中才可能发生。

在与施罗特的谈话中，福柯甚至将自杀提升为一种文化抵抗行为："我支持真正的文化斗争，它们会再一次教导人们：没什么比自杀更美好，因此也没什么是人们应该更集中精力去思考的，一个人一生都要为他的自杀而操劳。"[57]福柯把自杀理解为一种自由行为。拿自己的生命铤而走险是拥有主权的象征，这无非意味着游戏人生。

在福柯看来，生命的艺术可以被定义为一种自杀实践，把自我交付给死亡，对自我去心理化，即游戏化："生命的艺术意味着杀死心理学，在自我身上以及与其他个体一起，制造出生命、诸多关系和尚未命名的才能。如果你做不到这一点，此生就不值得活下去。"[58]生命的艺术与心理学的恐怖相对立。如今，我们被困在我们的心理学中。但是，自恋式地退回自我，退回心理世界，却破坏了游戏的空间、游戏的幻想。生命的艺术意味着逃离，去寻找尚未命名的生命形式和游戏形式。

如今，生命仅仅意味着生产，没有别的。一切都从游戏领域转移到生产领域。我们都是劳动者，不再是游戏者。游戏本身被降格为一种休闲活动。只有弱游戏才被容忍，它构成了生产中的一个功能要素。游戏具有的神圣严肃性，已经完全让位于劳动和生产的世俗严肃性。生命对健康、优化和绩效俯首帖耳，就像生存一般，它缺乏任何魅力、任何主权、任何厚度。罗马讽刺作家尤韦纳尔（Juvenal）对此早已有过非常准确的表述：*"Et propter vitam vivendi perdere causas.* 为了保存生命，就要放弃生命的意义。"[59]

历史的终结

Ende der Geschichte

　　现代是劳动的重要性与日俱增的时代，它正变得越来越不相信游戏。这也反映在哲学中。黑格尔的主仆辩证法以一场决斗开始。原来做主人的人决心要赢，他想一鸣惊人。他为胜利的声誉和荣耀而活，为此，他不惜冒死亡的危险。他拿自己的生命冒险，他是一个游戏者，即使赌注再高也在所不辞。另一方面，仆人由于害怕死亡而退出斗争。他并不想赢，而是想活命。与胜利的荣耀相比，他更喜欢生存，更喜欢主权，所以他不会铤而走险。他服从主人，以仆人身份为他劳动。他决定去劳动、活下去，反对拿生命冒险。主人是一个自由的人，因为他愿意拿生命冒险。他是一个强大的游戏者，而另一个则是劳动者，是仆人。

　　黑格尔不是站在主人一边，而是站在仆人一边。他是一位现代哲学家。对他来说，劳动是第一位的。思考本身就是劳动，精神在劳动，劳动塑造精神。黑格尔的主仆辩证法完全从劳动的角度看待人类的存在。黑格尔接触不到那种鄙视劳动并将其留给仆人的游戏者的自由。

　　继黑格尔之后，卡尔·马克思也坚持把劳动放在首要地位。历史始于劳动："这些个体与动物相区别的第一个历史行为，不是他们会思考，而是他们开始生产他们的食物。"[60] 人之所以有历史，是因为他劳动。马克思把劳动提升为黑格尔精神现象学的基本概念："黑格尔的现象学及其最终结果——否定辩证法作为推动性和创造性原则——的伟大之处在于，黑格尔……抓住了劳动的本质，把客观的人、真正的人，理解为自食其力的结果。……黑格尔站在现代国民经济的立场上。他把劳动理解为根本，人之为人的根本……"[61]

　　鉴于马克思对劳动的重视，他的女婿保罗·拉法格（Paul Lafargue）所写的《懒惰权——驳斥1848年〈劳动权〉》意义非比寻常。他首先引用古希腊的自由人："即使希腊人，在他们最繁荣的时期，对待劳动也只有蔑视；只有奴隶被允许劳动，自由人只知道锻炼身体和精神游戏。……古代哲学家教导人们蔑视劳动，这是自由人的高高在上；诗人们歌颂懒惰，这是神的礼物：'噢，梅里比乌斯，这种空闲是神给我们的。'（维吉尔《牧歌》1.6-36）"[62] 拉法格呼吁用"懒惰的权利"取代"资产阶级革命形而上的代理人所孵化的"人权。懒惰之国，摆脱任何严肃的劳动，把自己交给美妙的游戏。拉法格在檄文的末尾写道："懒惰啊，请救我们走出无涯苦海吧！懒惰啊，艺术和高尚美德之母，请成为缓解人类痛苦的良药吧！"[63]

在对主仆辩证法的解释中，科耶大还将劳动提升为历史的动因："人类通过劳动（教育 / die Bildung）进行的这种创造性教育创造了历史，也就是人类的时间。劳动即时间……"[64] 劳动塑造精神，推动历史前进。历史被设想成进步史，劳动是它的独家代理。因此，劳动者跃居为历史的唯一主体。

劳动的结束意味着历史的终结。科耶夫最初把"后历史"想象成"美式生活"，预示着"全人类的未来的永恒当下"（zukünftige ewige Gegenwart der ganzen Menschheit）。"人类退回到动物性"是后现代的突出特征："人类时间的终结或历史的终结，不妨说对本来意义上的人或对自由的、历史的个体的最终扬弃，仅仅意味着字面意义上的一切'行动'告终。实际上，它意味着战争和流血革命的消失，还有哲学的消失；因为如果人不再从根本上改变自己，就不再有理由改变他赖以认识世界和认识自己的（可信）原则。然而，其他一切都可以无限期地得到保全：艺术、爱情、游戏等等，总之，一切使人快乐的东西。"[65]

不过，科耶夫在日本之行后，对历史的终结有了完全不同的看法。在贯穿着仪式的日本，历史的终结有它的一席之地，这与美式生活截然对立。日本人过的不是动物性的生活，而是仪式性的生活。在科耶夫眼中，日本是即将到来的仪式之国："不同于战场上的铤而走险，他们（日本人）在仪式中暂停生命——每个人都能够'按照完全形式化的价值观生活，而这些价值观在历史层面没有任何关于人的内容'。"[66]与后历史社会并肩前行的是"无情的审美化"、生命的审美形式化。如果尼采在，他或许会说，它不是由追求真理的意志激活的，而是由追求表象和游戏的意志激活的。它玩弄表象，并把自己交给表象的诱惑："历史上的人说的是真与假，而尼采看到的只是'表象的各个阶段'，是生命表面的价值等级……"[67] 日本让你看到，即将到来的仪式社会将没有真理，没有超越，而是一个彻底审美化了的社会，美的表象已经取代了宗教的地位。

符号帝国

Reich der Zeichen

在劳动强制和生产强制下，我们日益荒废游戏的能力。我们还很少用到语言的游戏性一面，而只是让它劳动。它的职责只是传达信息或生产意义。因此，我们没有机会接触到它那些光彩熠熠的形式。作为一种信息媒介，诗歌没有任何魅力，它不具有诱惑力。即使诗歌也是严格意义上的形式构造物（Formgebilde），它为自己发光。诗歌往往什么都不传达。过剩，堪称过于丰富的能指，使它们与众不同。我们首先享受的是它们完美的形式。语言在诗歌中游戏。出于这个原因，我们如今几乎不读诗。诗歌是语言的神奇仪式。诗性原则同意义生产（Sinnproduktion）的经济学一刀两断，从而将快乐还给语言。诗意并不进行生产。因此，诗歌是一种"语言对自身法则的反抗"，那些法则为意义生产服务。[68]

在诗歌中，人们享受着语言本身。劳动状态下的、为信息服务的语言，则无法被享受。劳动原则与享受原则势不两立。

康德称玩笑是"头脑的奢侈品"。在诙谐中，语言把自己交给了游戏。因此，它是"欣欣向荣的"，"就像开满鲜花的自然似乎更像在玩游戏，而果实累累的自然却像在做买卖"[69]。这个笑话不能简化为一个意思明确的表述。它是一种奢侈，也就是说，它偏航了，偏离了意义生产的"买卖"。它是一种语言的形式建构物，意义，即所指，对它并不那么重要。如果意义生产构成了语言的智慧，那么在笑话中，这种生产似乎把自己变得愚蠢："对语言来说，笑话表达了一种可能性，它能把语言变笨，能让语言摆脱自己的辩证法和意义关联，从而陷入一连串胡言乱语。……笑话清楚表明，语言是为无–意义（Nicht-Sinn）而生的——前提是它被自己的游戏所吸引。"[70] 笑话之所以可笑，是因为能指而非所指，所以你很难去解释一个笑话。一连串胡言乱语就是其诗学原则。能指就有一搭没一搭地溜进各种关系之中，而不在乎所指为何物。

如果符号即能指完全被意义即所指占据，那么语言就会失去所有魔力和光辉。它会变成信息。它劳动，而不是玩要。语言的雄辩力和优雅也要归功于过于丰富的能指。只有过剩，即能指的过于丰盈，令语言显得神奇、诗意、充满诱惑力："这种过剩的能指统治下的秩序是神奇的（也是诗意的）。……把所指和能指相结合的漫长劳动，也就是理性的劳动，可以遏制并再次占有这种致命的过剩。必须减少甚至消除对世界的神奇诱惑，这只能出现在每一个能指都得到它的所指、一切都成为意义和现实的时候。"[71] 神秘的不是所指，而是没有所指的能指。咒语也不传达什么意义。它们就像空洞的符号，因此，它们就像通往虚空的一道道门那样神奇。

即使仪式性符号也无法被赋予明确的含义，所以它们显得很神秘。语言的功能化和信息化程度的提高，减少了过剩的部分，即过度的能指。语言就这样被祛魅了。纯粹的信息不产生任何魔力。它们不会施展诱惑。语言之所以神采奕奕，令人心醉神迷，只归功于丰富的能指。如今，我们生活在一种所指文化中，这种文化将能指，即将形式视为外在之物。它既是快乐也是形式的冤家对头。

能指的过剩也是仪式的标记。罗兰·巴特将整个仪式化的日本理想化为一个符号帝国，一个能指的礼仪帝国。即使日本的短诗，即俳句，也由过剩的能指所决定。他们很少考虑所指。它们不交代任何事物。它们纯粹是在做语言游戏，玩能指的游戏，不生产任何意义。俳句是语言的典礼："在俳句中，对语言的限制是一种我们无法理解的烧脑对象，因为它不在于简洁的表达（也就是说，在不减少所指的密集程度的前提下，尽可能简洁地领会能指），而是相反，它关乎意义的根源，以便确保意义不破土而出……俳句并非丰富的想法——那种想法会被简化为一个简短的形式，而是一个简短的事件，能一气呵成地找到它的适当形式。"[72]

俳句受制于严格的游戏规则。它根本不能被翻译成任何其他语言。日语特有的形式，抵制任何翻译。

> 闲寂古池旁，
> 青蛙跳进水中央，
> 扑通一声响。
> ——松尾芭蕉

一种浓烈的形式主义和审美主义，可以概括为仪式的本质特征，它也主导着日本的日常仪式实践，如包装。日本人把每一个小玩意儿都装进绚丽的包装里。在罗兰·巴特看来，日式包装的特殊性在于"物不大，但包装精致，二者不相称"[73]。用符号来表达就是：能指（外壳）比它所表示的也即所指、内容更为重要。华丽的能指将可能不重要的所指推后。它首先为自己发光，不依赖真实，不依赖它所包含的东西："日本人乐此不疲地到处运输的东西，终究不过是空洞的符号。"[74] 空的礼仪结束了资本主义的商品经济。日本人的包装没有显示出任何东西。它把人们的目光从物上移开，首先转向它华丽的外壳。因此，日本的包装与商品截然对立，商品的包装纯粹是外在的。包装的目的只在于被快速拆开。和服也是如此，它将身体包裹在过剩的能指里，包裹在色彩和形式的游戏中。作为能指载体的身体，与色情的身体截然不同，后者没有任何包装，只现出赤裸裸的所指，因此是淫秽的。脱离能指的色情身体，只指向赤裸裸的所指，指向赤裸裸的真实，即性。

在日本的茶道中，人们服从于一连串细致的仪式动作。这里容不下心理学。人们通常被去心理化。因此，成功的手部运动和身体运动具有图表式的一目了然（grafische Klarheit）。没有心理学，没有灵魂让他们不安，演员们沉浸在仪式姿态中。这些创造了一种不在场、一种忘我。茶道中没有交际。没有什么要交代。有的只是一种仪式性的沉默。交际退场，留下的只是礼仪姿态。灵魂归于沉寂。人们在寂静中交换手势，产生一种强烈的共在感。茶道的有益效果是，它的礼仪性沉默与如今的交际噪声、没有共同体的交际是如此迥然有别。它产生了一个没有交际的共同体。

对巴特来说，日本人的眼睛不是灵魂的家，它是空的。它不信任西方的灵魂神话："西方人的眼睛受制于一整套灵魂神话，那套神话塑造了中心且不为人知，它的火焰从保护眼窝的空间辐射到一个感性、热情的外在世界。"[75] 日本人的眼睛是扁平的，没有强度。瞳孔并没有因为深陷的眼窝而变得戏剧化（Dramatisierung）。黑格尔也紧随西方的灵魂神话。根据他的说法，眼睛应该被凸起的眼骨包围，这样"眼窝里加重的阴影给人一种深沉感和专心致志的内在性（unzerstreute Innerlichkeit）"。"刀锋般的眼骨"凸显出深邃的灵魂。因此，眼睛不能"把自己往前推"，"就像扔到外部世界一样"[76]。东亚人的眼睛更像用画笔画在脸上，而不是深陷在眼骨里。面对东亚人那些扁平的眼睛，黑格尔会如何评论呢？

在符号帝国里，没有道德所指照样一切好好的。统治这个帝国的不是法律，而是规则，是没有所指的能指。礼仪社会是一个规则社会。支撑它的不是美德或良知，而是对规则的热情。不同于道德法规，这些规则没有被内化。它们只是被效法。道德的前提是要有一个灵魂，和一个致力于完善它的人。这个人在道德的路上走得越远，自尊就越强。这种自恋式的内在性是礼貌的伦理学完全缺乏的。

规则基于一种一致性。它是由任意符号的内在联结所形成的。因此，它没有深刻的真理性，没有超越性。它没有形而上学的或神学的基础。法律则预设了一个超越性的权威机关，如上帝，他行使约束或宣布禁令。遵守规则所带来的快乐，与守法或违法的快乐不可同日而语。它归功于对游戏和规则的热情："为了理解仪式形式的强度，我们无疑必须摆脱那样一种想法，就是以为所有的快乐都来自欲望的满足。相反，游戏和游戏的领域向我们揭示了对规则的热情，对规则的陶醉，源于仪式的而非欲望的权力。"[77] 资本主义基于欲望经济学（Ökonomie des Wunsches）。因此，它与礼仪社会不相容。礼仪形式归功于对规则的热情，它催生了一种完全不同的快乐形式。

礼貌是一种纯粹的形式，它没有任何意图。它是空的。作为一种礼仪形式，它没有任何道德内容。它是一种符号，一种与"心灵的礼貌"（Höflichkeit des Herzens）截然相悖的能指，后者将是一种道德所指："如今我们将道德法则置于符号之上。传统形式的游戏被认为是虚伪和不道德的：与此相对的是'心灵的礼貌'，甚至是欲望的极度无礼……的确，礼貌（以及全部礼仪活动）已经不再是以前的样子了。"[78] 礼貌作为一种礼仪形式，没有心，也没有渴求，没有欲望。这与其说是道德，不如说是艺术。纯粹交换礼仪姿态，将礼貌消解。日式礼貌的拓扑结构，作为一种礼仪形式，没有内在，没有那种能使它退化为纯粹外部礼节的心。内与外的对立恐怕不能描述它。它不居于外在，因为跟内在相比那里纯粹是表象。相反，一个人是完全的形式、完全的外在："为了赠送礼物，我跪下来，几乎以头抢地；作为回应，对方也对我做同样的事情。一条折线连接着赠礼者、受赠者和使用这个标签的盒子，盒子里可能什么都没有，或者只装了一点点儿东西。"[79] 一个"图形形式"被强加在交换行为上，"它把一切贪婪都驱逐出去"。礼物仍然"仿佛悬浮在两个消失中的事物（Verschwindenden）之间"。作为有能指无所指的礼物，是一个纯粹的中介，一个纯粹的赠予。

> 礼物兀自安放一隅：
>
> 无可触碰。
>
> 无论慷慨，
>
> 还是感激，
>
> 灵魂皆不染之。[80]

在符号帝国里，灵魂和心理学都被剔除了。没有任何灵魂会感染到仪式游戏那神圣的严肃性。取代心理学的是对规则的热情、对形式的热情。这个符号之国与如今的灵魂之国泾渭分明，后者裸露自己，永远在自我生产。符号的礼仪之邦使另一种生命形式、另一种社会得以被设想，那里没有自恋，因为自我沉入了符号的仪式性游戏之中。对规则的热情，去除了自我的内在性。

如今，道德说教不绝于耳。与此同时，社会正在变得残暴。礼貌正在消失，对本真性的崇拜无视它们。美好的社交形式越来越少。就是在这方面，我们也对形式怀有敌意。道德显然并不排斥社会的日益残暴。道德没有形式。道德的内在性不依赖形式而生。甚至可以说：一个社会越是道德化，它就越没有礼貌。针对这种丢弃了形式的道德，我们要保卫一种美好形式的伦理学（Ethik der schönen Formen）。

从决斗到无人机战争

Vom Duell zum Drohnenkrieg

在《游戏的人》（*Homo Ludens*）一书中，赫伊津哈强调了古代文化中战争的游戏性质。从其所遵守的严格规则看，战争就很接近游戏。赫伊津哈并不否认古代社会也存在过度的暴力和残忍的杀戮，但他将战争置于神圣的游戏领域："在阿尔忒弥斯的神庙中，有一份庄严的协议，其中规定了关于争端的规则，给出了交战的时间和地点，禁止使用所有远程武器，包括标枪（Speer）、弓箭和投石器（Schleuder），决战时只允许携带剑和长矛（Lanze）。"[81] 不仅对某些武器的禁止，还有对战斗时间和地点的协议，都凸显出古代战争的游戏性质。战场像舞台一样，使用木桩或榛树枝做标记；要注意确保场地水平，以便交战各方能够正面对抗。

赫伊津哈指出，战争的仪式化大大地提高了"道德水平"[82]。与对手交流寒暄是仪式性对决的特点，这种交流的前提是明确承认对方是一个平等的对手。交战双方向对方致敬，把武器作为礼物交换。仪式一般都有很强的形式力量。战争作为一种仪式性对决，通过施加严格规则的形式之衣（Formgewand）来约束暴力。暴力让位于对游戏的激情（Spielleidenschaft）。

决斗也是一场仪式性对决。它可以追溯到古代文化中的法庭对决。它有一个神圣的层面。裁决类似于神的判决：dike（希腊语，"正义"）和tyche（希腊语，"命运、偶然、神意"）在此融合。决斗作为近代法庭对决的一种形式，也具有一种裁决权。在决斗之前，要召集所谓的荣誉法庭。它与民事法庭的诉讼程序没有明显区别。作为一种仪式性对决，它受到严格的规则约束。决斗双方的对等性要得到最细致的考察。决斗具有仪式性的游戏形式："决斗的场地是一个运动场（Spielplatz）；武器数量应该完全一致；听从信号开始和停止；射击次数或子弹数量是规定好的。"[83] 任何拒绝遵守决斗规则的人，会被视为有失颜面，被赶出赛场。这种仪式性对决的目的不是为消灭对方，而是为荣誉。决斗者通过当面对决、命悬一线，来证明他们的荣誉——"男人的荣誉"。无论结果如何，决斗都能恢复荣誉。决斗结束后，决斗的双方都被社会认为是有荣誉感的人。

欧洲的军人荣誉概念大体上脱胎于骑士荣誉法则。根据这一法则，趁人之危攻击敌人是不光彩的。只有在战场上攻击敌人才是光荣的，而暗杀敌人是不光彩的，比如下毒。对等性和交互性得到严格遵守。战斗手段的对等对于公平竞争尤为重要，因为那是仪式性对决。如果我的对手只有一把剑，那么我使用弩箭就该遭到唾弃。在战争史上，限制杀人手段的做法层出不穷，正如卡尔·施米特所说，这有助于遏制战争。

克劳塞维茨在他的名作《战争论》中，将战争定义为一种仪式性对决："我们不想在这里对战争笨拙地做出一个大众传媒式的定义，而是坚持它的要素，即对决。战争不过是一场放大了的决斗。"[84]战争是一场有序的、遵守规则的对决。正如克劳塞维茨的名言所说，是"借助其他手段的政治"[85]。在这种表述中，重点不是像通常以为的落在"其他手段"即暴力上，而是落在政治上。既然战争始终是一种政治，那么在战后就有可能通过非暴力手段重返战争。所有交战方承诺的游戏规则，确保战后有足够的政治空间。无节制的杀戮、纯粹的暴力则破坏了政治空间。那时的战争作为一种放大了的决斗，与如今的战争行为有天壤之别，如今的战争行为越来越退化为无情的杀戮。

现代战争完全缺乏游戏性质。基本公式也适用于此：生产强制破坏了游戏。现代战争是一场生产之战。因此，不是主权游戏者，而是像劳动奴隶一样的士兵在战斗："因此，我谈到现代战争的无能：病态积累起来的过剩财富，不能无止境地积累，被那些害怕死亡的仆人挥霍一空。他们不会游戏，除非以悲惨的方式。"[86] 瓦尔特·本雅明也将现代战争追溯到生产遵循的破坏逻辑："如果生产力的自然利用受到财产制度的限制，那么技术辅助、速度、动力源的增加就会推动生产力的非自然利用。它在战争中找到了它们。……帝国主义战争最可怕的特征，是由巨大的生产资料和它们在生产过程中的未充分利用（换句话说，由失业和销售市场匮乏）之间的差异决定。"[87]

马歇尔·麦克卢汉（Marshall McLuhan）的论点"媒介即信息"，也适用于作为媒介的武器。媒介并不只是信息的载体。相反，信息是由媒介本身产生的。媒介不是一个中性的容器，可以运载不同的内容；相反，新的媒介催生了一个特殊的内容，比如一种新的感知。因此，启用完全不同的破坏性媒介，并不是纯粹的技术问题。相反，它改变了战争本身的性质。因此，卡尔·施米特一想到战斗机便陷入沉思，因为它的加入令战争不可能成为对决。

交战双方的正面对抗，反映出他们在法律上甚至道德上的平等地位。对手作为敌人（*iustus hostis*）得到明确承认。然而，使用战斗机作战则不允许进行面对面的交流。拓扑学意义上的优势，即占敌人的上风，引发了对敌人的另一种心态。破坏性媒介的不对称性，导致其所有者对敌人做出另一番评价，将其贬低为罪犯："占上风者认为，他在武器方面的优势证明他拥有正当理由（*iusta causa*），并宣布敌人是罪犯，因为人们不再能够正当理解敌人的概念。"[88] 于是，媒介即信息，技术上的优势变成了道德上的优势。技术和伦理是互为前提的。

需要通过发动战争去对抗的敌人，不是必须不惜一切代价去消灭的罪犯。相反，他是一个地位平等的对手，一个游戏中的对抗者。因此，他被赋予同样的权力。无人机战争将不对等性发挥到极致。把对手贬低成罪犯加以歧视，是定点杀戮的前提条件，这类似于警察行动。无人机战争完全废除了对等性，即废除了构成战争作为仪式性对决的双边关系。进攻者完全隐藏在视野之外，而屏幕并不能被称作"对手"（Gegenüber）。

通过点击鼠标杀人，比狩猎游戏更加残酷。狩猎根本上不是无情的杀戮。它本身要遵守严格的游戏规则，并在狩猎之前、之中和之后举行仪式。猎人和动物之间保持着一种对等性、一种对称性。动物只能被面对面地杀死。在杀戮之前，必须特地跟它"打招呼"。绝不能在动物睡觉时杀死它，所以它得是醒着的。此外，只允许伤及某些部位，比如不能打伤动物的眼睛，这样动物的目光（Blick）能一直保持到最后时刻。即使在狩猎过程中，这种双边关系也得到维持。他者就是目光啊。

无人机战争的完全不对称性使战争概念变得过时。卡尔·施米特针对空战谈到过一种强制措施："交战双方都有一定的机会，都有一丝获胜的希望。一旦这种可能性消失，那么对手就只是一种强制措施的对象。"[89] 作为仪式性对决的战争，无非是一种强制措施。战争是一场游戏，交互性是其特征。无人机战争作为一种强制措施、一种缉捕行动，完全失去了游戏性质。死亡在这里是机械制造出来的。无人机飞行员轮流倒班劳动。对他们来说，杀人首先是一项工作。下班后，他们会被隆重送上一张"记分卡"，证明他们杀了多少人。即便在杀人方面，也要首先看绩效，就像其他工作一样。算法支持机械制造的死亡。杀戮作为一种数据驱动的操作，本身具有色情和淫秽意味。对方被溶解在数据中。一位前中央情报局局长的说法是："我们根据元数据来杀人。"敌人作为要去消灭的罪犯，现在只是数据的总和。无人机战争是一种杀戮的数据主义。杀戮发生时没有遇到任何抵抗，没有任何戏剧性，没有任何天命时刻。杀戮在数据流的无情照耀下机械地发生了，目标是实现杀戮在数据上的透明。如今，一切都切换到生产模式。制造死亡的战争，与作为仪式性对决的战争截然对立。生产和仪式无法共存。无人机战争描绘出那样一个社会，那里把一切都变成有关劳动、生产和绩效的问题。

从神话到数据主义

Vom Mythos zum Dataismus

在古代文化中，不仅是战争，就连知识的传播也采取了游戏的形式。神圣的谜语之战构成了祭祀崇拜的一个重要组成部分。它们和祭品本身同样重要。它们使神话富有生命力，将神话强化为一个共同体的认知基础。赫伊津哈猜测，哲学的起源就在仪式性的猜谜游戏里："早期的哲学家们以先知和迷狂（Enthusiasmus）的口吻说话。他们的绝对自信就是祭祀牧师或密教传播者的自信。他们的问题关乎事物的源起，探讨'开端'（arche）和'自然'（physis）。古老的宇宙观问题，从混沌之初就以谜语形式被提出，以神话形式被解决。"[90]

在希腊，最初阶段的哲学有一个激动人心的特点，即它是游戏和竞赛："可以肯定的是，从最古老时代的寻求智慧者到后来的智者和修辞家，都以典型的斗士姿态示人。他挑战竞争对手，用唇枪舌剑攻击他们，并以古人所有的蓬勃自信心将其个人观点美化为真知灼见。这些在风格和形式上的早期实验，具有论战性和煽动性。他们总是以第一人称说话。当埃利亚的芝诺与他的对手交锋时，他以制造两难（Aporien）为武器，也就是说，他表面上从对手的前提条件出发，却从中得出两个相互矛盾、相互排斥的结论。这种形式还明确暴露了这个解谜任务的范围。芝诺问：如果空间是个东西，它会置于何处？对于'黑暗者'赫拉克利特来说，自然和生命构成了一个格里弗斯（Griphos）、一个谜。他自己就是解谜者。"[91] 智者演绎了一种争执的艺术、一出机智的游戏，其目的是设置陷阱来欺骗对手。希腊语中的问题叫作 problemata，原指提出问题给对手解决。这里的"解决"应从字面上理解。它意味着将自己从羁绊中解放出来，从陷阱中解救出来。哲学的好斗性格描摹了这样一个世界性的进程，即源始对立物之间永无休止的争执过程。对于赫拉克利特来说，战争乃万物之父。根据恩培多克勒的观点，决定世界进程的是爱（希腊语: philia）和争斗（希腊语: neikos），这两个源始性原则决定了世间百态。

即使柏拉图式的对话也有游戏的成分。对话《会饮篇》的结构就像一场仪式性的竞赛。在竞赛中，参与对话者向爱神厄洛斯（Eros）致以赞词。柏拉图本人在这里谈到了裁决："阿伽通说，苏格拉底，你是一个爱嘲弄别人的人。不过我们很快就会解决智慧的问题，我和你，并把狄奥尼索斯作为我们的仲裁者。但现在你只能先去吃。他说，在苏格拉底跟其他人一样落座吃饭之后，他们会把酒拿来，在向神大唱赞歌之后，依照礼节，他们就开始畅饮。"[92]

在对话《高尔吉亚篇》中，苏格拉底和卡利克勒斯（Callicles）像决斗者一样登场。那更像是决斗而不是对话，更像是对抗而不是讨论。它类似于一场仪式性的对决。它具有戏剧化的特征。权力和正义没有可比性，二者之间不可能进行调解。这只是一个输赢的问题。对话的好斗性是显而易见的："读过这段对话的人都明白，不是谁会说服对方，而是会有一个胜利者和一个被征服者。这就解释了为什么苏格拉底在这次对话中的方法，几乎没有比卡利克勒斯的方法更体面。在这里，目的证明了手段的合理性：目的是要获胜，特别是在目睹这一幕的年轻人面前。"[93] 柏拉图的对话都有戏剧的特征。"剧院之乐"（Freuden des Theaters）[94] 决定了游戏事件。

尽管他的对话中存在明显的游戏元素，柏拉图还是启动了从神话到真理的过渡。以真理的名义，他与游戏保持距离，而智者则沉溺于游戏中。柏拉图笔下的苏格拉底责备他们不够严肃："现在这种事情在追求知识的过程中只是玩笑，因此我还要说，他们在跟你游戏。但我之所以称之为游戏，是因为即使一个人学会很多或全部类似的东西，他也不会更好地了解事物本身的行为方式，而只会跟别人熟练地玩着游戏，通过充满歧义的语言给他们使绊子，放倒他们；就像有人把想坐下的人身体下面的椅子挪开，等着他向后栽下去，看他笑话。"[95] 智者算是那种只沉迷于游戏的流动艺人。现在，游戏必须让位于真理的劳动（der Arbeit an der Wahrheit）。

赫伊津哈的功劳或许在于，他在古代文化中发掘出人类行为的游戏性质。但他把游戏绝对化了，因而误判了西方知识传播中关键的范式转变，即从神话向真理的转变，这与从游戏向劳动的转变相吻合。在通往劳动的路上，思越来越远离它曾经的起源——游戏。

启蒙运动加剧了对游戏的排斥。康德使游戏从属于劳动。他的美学也是由劳动的首要地位决定的。在美面前，认知力，即想象力和知性，处于游戏模式。美使主体感到愉悦，催生一种快乐，因为它刺激认知力量的和谐互动。美本身并不产生认知，但它维持着认知的齿轮。通过这种方式，美促进了认知的产生。作为自身目的的纯粹游戏，深深困扰着康德。音乐无力推动"思的事务"，凭这一点就该回避之，因为它"只是玩感觉"[96]。在康德看来，造型艺术比音乐更可取，因为它们与"思的事务"即认知生产相适应。与音乐相比，它们"将想象力投入了一场自由自在同时又与知性相称的游戏当中"。于是"它们通过制造一种有助于理解概念的……的产品，来同时经营一项事务"[97]。康德在这里特别提到"产品"，而且还谈到"事务"，一如既往。想象力的游戏本能要受到限制，以便使它能够为理解力，为认知的生产服务。游戏要服从于劳动和生产。

启蒙运动从认知主体的自治开始，这是由康德的"哥白尼转向"开启的——不是我们围绕着对象旋转，而是对象必须朝向我们："这里就像哥白尼的最初想法一样，用整个星群围绕着观星者旋转来解释天体运动，并不广为采纳；他想尝试一下，如果让观众自转，让星星静止，会不会更好。在形而上学中，就对对象的感知而言，人们现在可以用类似方式进行尝试。如果感知必须遵照对象的特性，那么我不知道人们如何能够先验地对它有所了解；但如果对象（作为感官的对象）以我们感知能力的特性为指针，那么我就可以很好地想象这种可能性。"[98] 对世界的认知归功于先验的，即经验上先验的、预先确定的形式，这些形式是认知主体本身所固有的。康德的观念论基于如下信念：人类主体是认知生产的主人。康德的世界运转的核心是：自由、自治的主体是提供认知形式和法则的权威机关。

如今，另一个范式转变正在悄然发生。哥白尼式的人类学转向，曾将人类提升到自主知识生产者的地位。如今，这个转向被数据主义转向取代。人必须以数据为导向，放弃作为知识生产者的身份，把自己的主权交给数据。数据主义终结了启蒙运动的理想主义和人文主义。[99] 人不再是知识的主权主体，不再是知识的发动者。知识现在由机器生产。数据驱动的知识生产是在人类主体和意识缺席的情况下进行的。铺天盖地的数据使人失去了作为知识生产者的核心地位。人自己也成为一个数据集，萎缩成一个可以计算、可以操控的量值。

由大数据制造的知识是无法理解的。人类认知能力的容量太小。处理器之所以比人快，正是因为它们不思考、不理解，只计算。数据主义者会宣称，人类发明了思维，因为他们的计算速度不够快；还会说，思维将始终是一个短暂的插曲。

透明作为一种数据主义的必要条件，导致一种强迫性，也就是将一切转化为数据和信息、转化为可见之物的强迫性。它是一种生产强制。透明度并不宣布人们是自由的，而只是宣布数据和信息是自由的。这是一种有效的统治形式，在这种形式中，全面交际和全面监视成了一回事。统治冒充自由。大数据产生了一种统治之道，使得干预和控制人类的心理成为可能。从这个角度看，数据主义对透明的要求不是启蒙运动的延续，而是其终点。

生产强制破坏了游戏和叙事的空间。算法计算劳动不是叙事性的，而只是叠加性的。因此，它可以随意加速。另一方面，思考则不允许加速。理论仍然具有叙事性的特点。算法计算，但它们并不讲述。从神话到数据主义的过渡，是从讲述到纯粹计数的过渡。数据主义使知识生产变得色情化。思比计算更激发情欲，放飞思的也是爱神厄洛斯："我称它为爱神，根据巴门尼德的说法，它是最古老的神。每当我在思中迈出重要的一步，冒险进入未知领域时，那个神扇动的翅膀就会触动我。"[100] 没有厄洛斯，思的步骤就会退化成计算步骤，也就是工作步骤。计算是赤裸裸的，是色情的。思把自己打扮成数字。它的花饰造型（verschnörkelt）不算罕见。另一方面，计算则遵循一个线性路径。

思具有游戏性。在劳动强制和生产强制下，它变得与其本质形同陌路："劳动和强制所建立的思已经破产了；在赋予劳动、效用以众所周知的可怕角色后，现在是自由之思的时候了。它从根本上是一种游戏。"[101] 在从神话到数据主义的路上，思完全丧失了它的游戏元素。它越来越像计算。但思考的步骤并不是延续同一事物的计算步骤，而更像是游戏动作或舞步，产生完全不同的东西，给事物带来完全不同的秩序："我们都是游戏者；也就是说，我们非常希望，偶尔慢慢向前推进的理性链条会解体，即使只是短暂地解体，也会产生一个完全不同的秩序安排，各种事件被重新洗牌，精彩绝伦……"[102]

从诱惑到色情片

Von der Verführung zum Porno

　　诱惑是无性的。在克尔凯郭尔的《诱惑者日记》中，完全无性。那里甚至没有明确提及性行为。在有关诱惑的剧本中，性扮演着从属角色。诱惑是一种游戏，它属于仪式规则。与之相对，性是一种功能，它位于自然天性的规则之中。诱惑的结构像一场仪式性对决，一切都发生在"几乎是挑战和决斗的约定俗成"之中。[103] 克尔凯郭尔把诱惑比作击剑："小心，这种从下往上看比正面直视（geradeaus，原文即为德语—— 作者注）更危险。这就像击剑——而什么武器可能如此锋利，如此具有穿透力，动作如此快如闪电，因而像眼睛一样具有欺骗性？一个人在高处佯攻，就像击剑手说的那样，迅速猛攻；佯攻之后的奔跑速度越快越好。佯攻的过程是一个无法描述的瞬间。对手感觉好像受到

打击，他被击中，是的，这是真的，但却在一个他完全意想不到的地方……" [104]

作为一场决斗，诱惑意味着以游戏的方式对待权力。在这种情况下，我们必须与这样一种常见的想法——权力就是压迫，就是负面或邪恶的东西——保持距离。权力不仅是压抑的，而且是诱人的，可以说是色情的。对等性是权力游戏的特点。这就是福柯从快感经济学角度对权力的解释："权力不等于邪恶。权力意味着战略游戏。人们很清楚地知道，权力并不等于邪恶。请以性或爱情关系为例：在一种公开的、会发生剧情反转的战略游戏中，向对方施加权力并不是什么邪恶之事，它是爱情、激情、性快感的一部分。" [105]

诱惑有一个场景的、游戏的距离在前，带我远离我的心理学。爱的亲密性已经离开了诱惑的范畴。那是游戏的结束，也是心理学和忏悔的开始。它不相信这些场景。情色是诱惑，但不同于爱情的亲密性。游戏氛围在亲密关系中消失了。诱惑的基础是他者的外延性（Extimität），以至外在性（Exteriorität），无涉亲密性。对诱惑来说，关键在于对他者的幻想。

色情片终于给诱惑画上了一个句点。在其中，他者被完全抹去。色情片里的欲望是自恋的。它产生于对裸露之物的直接消费。如今，即使灵魂也像性一样被剥光了衣服。失去任何幻觉、伪装、看戏、游戏、观看表演的能力，这就是色情的胜利。

色情是一种透明现象。色情的时代是一目了然的时代。如今，我们不再有机会接触到神秘和谜语之类的现象。歧义或矛盾的东西已经让我们如坐针毡，就连笑话也因其多义性而被排斥。诱惑的前提是秘密所含的否定性。一目了然的肯定性只允许按部就班。即使阅读在如今也呈现出一种色情作品的形式。对文本的乐趣与看脱衣舞的兴致相似。它来自对真实的步步紧逼，就像性的层层裸露。我们已经不怎么读诗歌。与如今风行的犯罪小说不同，诗歌不包含任何终极真实。诗歌游戏于模糊性（Unschärfen）中，不容色情作品那种一览无余。诗歌抵制意义生产。

政治正确也不赞成一语双关："'政治正确'的做法……要求透明，要求放弃多义性，以便……让诱惑所具有的传统的修辞之美和情感光环化为乌有。"[106] 模棱两可是情欲语言（Sprache der Erotik）的关键。因此，政治正确那冷酷的语言卫生学，令情欲诱惑走到终点。如今，情欲被色情作品和政治正确销蚀了。

　　如今，生产强制和绩效强制涵盖了生活的方方面面，性行为也概莫能外。生产原本意味着呈现并使之可见。在色情片中，性被生产、表演，并被转化为完全的可见性。在如今的色情片中，即使射精也不是秘密发生的。它也是生产出来的。绩效的最终结果不应保密。产品越是极大丰富，其生产者就越是能干。他在他的伴侣眼前生产自己，作为色情过程的共同制造者。如今色情片中的性行为是机械性的。绩效原则也包括性。它将身体功能化为一台性爱机器。性、表演、绩效、力比多和生产是相辅相成的。鲍德里亚将射精强制追溯到生产强制："对那些不以性行为本身为目的的文化，我们采取一种不理解和略带怜悯的态度，对它们来说，性行为不像蓄势待发的能量那样具有如此致命的严肃，射精强制的严肃。射精是不惜代价的生产，是对身体进行卫生核算。这些文化保留了长期的诱惑和感性的痕迹，性行为只是其中的一项服务，是一种礼尚往来的漫长程序，而爱的行为本身也许只是这种互惠的一个句点，在一个不可或缺的仪式之后吟唱出来。"[107]

　　如今，为了立竿见影地满足快感，耗费时间的诱惑游戏日益被废除。诱惑和生产互不相容："我们是一种射精的文化。每一个诱惑，每一个诱导式习俗，本是一个高度仪式化的过程，如今正在消失，去迎合一个本能化了的性要求，让欲望立即得到满足，就像执行命令。"[108] 游戏与满足欲望根本不是一回事。游戏的敌人是力比多，它是资本在身体层面的表象。资本不仅带来了作为劳动力的精力充沛的身体，同时也带来了作为释放性能力的本能身体。利比多和本能是生产的形式。它们跟诱惑截然对立。

色情片可以被归纳为新自由主义之道。生产强制把一切推到前台，变得可见，一览无余。一切都无情地裸露在透明的光照下。当交际变得透明，被扁平化为加速的信息交换，它就变成了色情。当语言不再游戏，而只是传输信息时，它就变成了色情。当身体失去所有的场景特征，而只剩下功能时，它就变成了色情。色情的身体没有任何象征意义。相反，仪式化的身体是一个华丽的舞台，秘密和神性都被刻在其上。当声音失去敏锐和克制，只需要产生影响和情绪时，它会变成色情。在编辑音轨的数字工具中，有一个叫当面（Facial）的设置，它提供了一个直接的声音印象。声音扑面而来，那是一张"脸"。从解释学角度看，当图像跟性一样直接刺激眼睛时，它就成了色情作品。色情是直接接触，是图像跟眼睛的交配。

如今，我们生活在一个后性爱时代。过度的可见性和过剩的色情生产让性走到了末路。色情对性和情欲的破坏，甚于道德和压抑。拉斯·冯·提尔的电影《女性瘾者》预示着后性爱时代的到来。有一则评论说："这部电影传达的信息恰恰是'忘掉性'。因为影片中没有一处以诱人的方式展示性。它的确是色情的，因为它迫使观众长时间定睛观看直接映入眼帘的东西；但他们看到的只是皱皱巴巴、歪歪扭扭、毛茸茸、土黄色的性器官，大概跟其他哺乳动物的性器官差不多诱人。"[109] 肉体在拉丁语中是 *caro*。在后性爱时代，色情片升级为肉像学（Carografie）。不是禁止或剥夺之类的否定性，而是过度生产的肯定性毁掉了性行为。过度的肯定性导致了当下社会的病态。令这个社会生病的，不是过少，而是过多。

注　释

[1]　伽达默尔:《美的现实性——艺术作为游戏、象征和节庆》
（*Die Aktualität des Schönen. Kunst als Spiel, Symbol und Fest*），
斯图加特，1977 年，第 62 页。

[2]　安托万·德·圣-埃克苏佩里:《要塞》（*Dic Stadt in der
Wüste*），法兰克福，1996 年，第 26 页及以下。

[3]　汉娜·阿伦特:《人的境况》（*Vita activa oder Vom tätigen
Leben*，德文书名直译应为"积极或行动的生活"），慕尼黑，
2002 年，第 163 页。

[4]　彼得·汉德克:《对重复的幻想》（*Phantasien der Wiederhol-
ung*），法兰克福，1983 年，第 8 页。

[5]　玛丽·道格拉斯（Mary Douglas）:《仪式、禁忌与身体符
号——工业社会和部落文化中的社会人类学研究》（*Ritual,
Tabu und Körpersymbolik. Sozialanthropologische Studien in In-
dustriegesellschaft und Stammeskultur*），法兰克福，1974 年，
第 11 页。

[6]   参见克里斯托弗·图尔克（Christoph Türcke）:《超积极！评专注力缺失的文化之批判》（*Hyperaktiv! Kritik der Aufmerksamkeitsdefzitkultur*），慕尼黑，2012 年。

[7]   克尔凯郭尔:《重复》（*Die Wiederholung*），汉堡，1961 年，第 7 页。

[8]   同上。

[9]   同上书，第 8 页。

[10]   汉德克:《对重复的幻想》，第 57 页。

[11]   哈特穆特·罗萨（Hartmut Rosa）:《回响———部世界关系社会学》（*Resonanz. Eine Soziologie der Weltbeziehung*），柏林，2016 年，第 297 页。

[12]   罗兰·巴特:《中性》（*Das Neutrum*），法兰克福，2005 年，第 210 页。

[13]   在过度松绑之后，对仪式和定规的需求正在重现。著名咨询师乔丹·B. 彼得森的《12 条生活准则》以"混乱的解药"为副标题，并非偶然。对仪式的需求源于混乱的创伤性经历。为个体量身打造的生命周期和成人仪式的需求也在不断增加。所谓的仪式设计者取代了祭司的位置。即使仪式也必须服从本真性和创造性的要求。但这些新型仪式并不是真正意义上的仪式。它们散发不出象征的力量，而那种力量使生命向更高的东西看齐，从而提供意义和方向。 如果不再有更高的秩序，仪式就消失了。

[14]   查尔斯·泰勒（Charles Taylor）:《现代性的隐忧》（*Das Unbehagen an der Moderne*），法兰克福，1995 年，第 39 页。

[15]   同上书，第 51 页。

[16] 理查德·桑内特（Richard Sennett）：《公共生活的衰落与终结——亲密性的暴政》（*Verfall und Ende des öffentlichen Lebens. Die Tyrannei der Intimität*），柏林，2008 年，第 36 页。

[17] 约翰·赫伊津哈（Johan Huizinga）：《游戏的人：游戏的文化要素研究》（*Homo Ludens. Vom Ursprung der Kultur im Spiel*），汉堡，1956 年，第 184 页。

[18] 桑内特：《公共生活的衰落与终结》，第 67 页。

[19] 阿兰（Alain）：《以幸福为职》（*Die Pflicht, glücklich zu sein*），法兰克福，1982 年，第 45 页。转引自罗伯特·普法勒（Robert Pfaller）：《他者的幻象——论文化中的快乐原则》（*Die Illusionen der anderen. Über das Lustprinzip in der Kultur*），法兰克福，2002 年，第 261 页。

[20] 普法勒：《肮脏的神圣与纯洁的理性——当下文化诸症状》（*Das schmutzige Heilige und die reine Vernunft. Symptome der Gegenwartskultur*），法兰克福，2008 年，第 129 页。

[21] 同上书，第 92 页。

[22] 桑内特：《公共生活的衰落与终结》，第 581 页。

[23] 彼得·纳达斯（Péter Nádas）：《谨慎安置：两则报道》（*Behutsame Ortsbestimmung. Zwei Berichte*），柏林，2006 年，第 5 页。

[24] 同上书，第 16 页。

[25] 同上书，第 11 页。

[26] 同上书，第 25 页。

[27] 同上书，第 8 页。

[28] 同上书，第 17 页。

[29] 同上书，第 33 页。

[30] 同上书，第 78 页。

[31] 黑格尔：《世界史哲学讲演录》(*Vorlesungen über die Philosophie der Geschichte*)，莫尔登豪尔（E. Moldenhauer）、迈克尔（K. M. Michel）编《黑格尔著作集》（共 20 卷），第 12 卷，法兰克福，1970 年，第 280 页。

[32] 同上书，第 278 页。

[33] 参见齐格蒙特·鲍曼：《怀旧的乌托邦》(*Retrotopia*)，柏林，2017 年。

[34] 参见韩炳哲：《超文化：文化与全球化》(*Hyperkulturalität, Kultur und Globalisierung*)，柏林，2005 年。

[35] 吉尔·德勒兹、费利克斯·加塔利：《千高原：资本主义与精神分裂》(*Tausend Plateaus. Kapitalismus und Schizophrenie*)，柏林，1993 年，第 41 页。

[36] 伽达默尔：《美的现实性》，第 56 页。

[37] 转引自吉奥乔·阿甘本：《赤裸》(*Nacktheiten*)，法兰克福，2010 年，第 183 页及以下。

[38] 弗朗茨·罗森茨维格（Franz Rosenzweig）：《救赎之星》(*Der Stern der Erlösung*)，见《著作集》，第 2 卷，哈瑙，1976 年，第 348 页。

[39] 同上书，第 342 页及以下。

[40] 阿甘本：《不可言说的少女——女像柱的神话与神秘》(*Das unsagbare Mädchen. Mythos und Mysterium der Kore*)，法兰克福，2012 年，第 11 页。

[41] 卡尔·克兰尼（Karl Kerényi）：《古代宗教》(*Antike Reli-*

gion），斯图加特，1995 年，第 47 页。

[42]　埃米尔·迪尔凯姆（Émile Durkheim）：《宗教生活的基本形式》（*Die elementaren Formen des religiösen Lebens*），柏林，2017 年，第 451 页。

[43]　同上书，第 512 页及以下。

[44]　伽达默尔：《美的现实性》，第 60 页。

[45]　同上书，70 页。

[46]　阿甘本：《渎神》（*Profanierungen*），法兰克福，2005 年，第 82 页。

[47]　海德格尔：《在通向语言的途中》（*Unterwegs zur Sprache*），普富林根，1959 年，第 37 页。

[48]　乔治·巴塔耶：《经济的废除》（*Die Aufhebung der Ökonomie*），慕尼黑，2001 年，第 312 页。

[49]　同上书，第 330 页及以下。

[50]　同上书，第 326 页。

[51]　让·鲍德里亚：《象征交换与死亡》（*Der symbolische Tausch und der Tod*），柏林，2011 年，第 258 页。

[52]　同上书，第 266 页。

[53]　《日报》（*TAZ*），2009 年 4 月 2 日。

[54]　福柯：《生存美学——生活艺术文集》（*Ästhetik der Existenz. Schriften zur Lebenskunst*），法兰克福，2007 年，第 111 页。

[55]　同上。

[56]　同上。

[57]　同上书，111 页及以下。

[58]　同上书，110 页及以下。

[59] 转引自巴塔耶：《经济的废除》，第 326 页。

[60] 马克思：《德意志意识形态》（*Deutsche Ideologie*），见《马克思恩格斯文集》，第 3 卷，柏林，1990 年，第 20 页。

[61] 马克思：《经济学哲学手稿》（*Ökonomisch-philosophische Manuskripte*），见《马克思恩格斯文集》，第 40 卷，柏林，1990 年，第 574 页，

[62] 保罗·拉法格（Paul Lafargue）：《懒惰权——驳斥 1848 年〈劳动权〉》（*Das Recht auf Faulheit. Widerlegung des ›Rechts auf Arbeit‹ von 1848*），柏林，2013 年，第 13 页。

[63] 同上书，第 57 页。

[64] 亚历山大·科耶夫（Alexandre Kojève）：《黑格尔导读——思的可视化》（*Hegel. Eine Vergegenwärtigung seines Denkens*），法兰克福，1975 年，第 71 页。

[65] 同上书，第 41 页。

[66] 科耶夫：《生存形式》（*Überlebensformen*），柏林，2007 年，第 49 页。

[67] 同上书，第 54 页。

[68] 鲍德里亚：《象征交换与死亡》，第 350 页。

[69] 康德：《实用人类学》（*Anthropologie in pragmatischer Hinsich*t），见魏施德（W. Weischedel）主编《康德著作集》（10 卷本），达姆施塔特，1983 年，第 10 卷，第 512 页。

[70] 鲍德里亚：《他者本身——教授资格论文》（*Das Andere selbst. Habilitation*），维也纳，1987 年，第 66 页。

[71] 鲍德里亚：《致命的策略》（*Die fatalen Strategien*），慕尼黑，1991 年，第 185 页。

[72] 罗兰·巴特:《符号帝国》(*Das Reich der Zeichen*),法兰克福,1981 年,第 103 页。

[73] 同上书,第 64 页。

[74] 同上书,第 65 页。

[75] 同上书,第 140 页。

[76] 黑格尔:《美学演讲录》(*Vorlesungen über die Ästhetik*),见《黑格尔著作集》,第 14 卷,第 392 页。

[77] 鲍德里亚:《论诱惑》(*Von der Verführung*),慕尼黑,1992 年,第 185 页。

[78] 鲍德里亚:《致命的策略》,第 210 页及以下。

[79] 巴特:《符号帝国》,第 90 页及以下。

[80] 同上书,第 91 页。

[81] 赫伊津哈:《游戏的人》,第 97 页。

[82] 同上书,第 103 页。

[83] 同上书,第 95 页。

[84] 卡尔·冯·克劳塞维茨(Carl von Clausewitz):《战争论》(*Vom Kriege*),莱茵贝克,1984 年,第 13 页。

[85] 同上书,第 22 页。

[86] 巴塔耶:《经济的废除》,第 333 页。

[87] 瓦尔特·本雅明:《机械复制时代的艺术作品》(*Das Kunstwerk im Zeitalter seiner technischen Reproduzierbarkeit.*),见《著作集》,第 1 卷,法兰克福,1991年,第 508页。

[88] 卡尔·施米特:《大地的法——欧洲公法的国际法中的大地法》(*Der Nomos der Erde im Völkerrecht des Jus Publicum Europaeum*),柏林,1950 年,第 298 页。

[89] 同上。

[90] 赫伊津哈：《游戏的人》，第 116 页。

[91] 同上书，第 115 页及以下。

[92] 柏拉图：《会饮篇》（*Das Gastmahl*），175e–176a，施莱尔马赫译本。

[93] 阿兰·巴迪欧、齐泽克：《哲学与现实性：一场辩论》（*Philosophie und Aktualität. Ein Streitgespräch*），维也纳，2012 年，第 17 页。

[94] 同上书，第 18 页。

[95] 柏拉图：《欧绪德谟篇》（*Euthydemos*），278b–c，施莱尔马赫译本。

[96] 康德：《判断力批判》（*Kritik der Urteilskraft*），见《康德著作集》，第 8 卷，第 433 页。

[97] 同上。

[98] 康德：《纯粹理性批判》（*Kritik der reinen Vernunft*），见《康德著作集》，第 3 卷，第 25 页。

[99] 关于数据主义和大数据，参见韩炳哲《精神政治学》。

[100]《马丁·海德格尔与妻书：1915—1970》（*Briefe Martin Heideggers an seine Frau Elfriede 1915—1970*），慕尼黑，2005 年，第 264 页。

[101] 巴塔耶：《游戏与严肃》（*Spiel und Ernst*），转引自赫伊津哈：《游戏的人：文化的游戏要素研究》（*Das Spielelement der Kultur*），艾伯灵（K. Ebeling）编，柏林，2014 年，第 75~111 页。此处第 111 页。

[102] 鲍德里亚：《论诱惑》，第 188 页。

[103] 同上书，第 157 页。

[104] 克尔凯郭尔：《诱惑者日记》（*Tagebuch des Verführers*），苏黎世，2013 年，第 35 页及以下。

[105] 福柯：《自由与自我关怀》（*Freiheit und Selbstsorge*）（1984 年采访与 1982 年演讲），法兰克福，1985 年，第 25 页及以下。

[106] 伊娃·易洛斯（Eva Illouz）：《爱，为什么痛：一个社会学阐释》（*Warum Liebe weh tut. Eine soziologische Erklärung*），柏林，2011 年，第 345 页及以下。

[107] 鲍德里亚：《论诱惑》，第 58 页。

[108] 同上。

[109]《南德意志报》（*Süddeutsche Zeitung*），2013 年 12 月 27 日。

参考文献

Agamben, Giorgio: *Das unsagbare Mädchen. Mythos und Mysterium der Kore*. Frankfurt / M. 2012.

Agamben, Giorgio: *Nacktheiten*. Frankfurt / M. 2010.

Agamben, Giorgio: *Profanierungen*. Frankfurt / M. 2005.

Arendt, Hannah: *Vita activa oder Vom tätigen Leben*.München 2002.

Badiou, Alain / Žižek, Slavoj: *Philosophie und Aktualität. Ein Streitgespräch*. Wien 2012.

Barthes, Roland: *Das Neutrum*. Frankfurt / M. 2005.

Barthes, Roland: *Das Reich der Zeichen*. Frankfurt / M. 1981.

Bataille, Georges: "Spiel und Ernst", in: Johan Huizinga, *Das Spielelement der Kultur*, hrsg. von K. Ebeling, Berlin 2014, S. 75–111.

Bataille, Georges: *Die Aufhebung der Ökonomie*. München 2001.

Bauman, Zygmund: *Retrotopia*. Berlin 2017.

Baudrillard, Jean: *Das Andere selbst. Habilitation*. Wien 1987.

Baudrillard, Jean: *Der symbolische Tausch und der Tod*. Berlin 2011.

Baudrillard, Jean: *Die göttliche Linke*. München 1986.

Baudrillard, Jean: *Die fatalen Strategien*. München 1991.

Baudrillard, Jean: *Von der Verführung*. München 1992.

Benjamin, Walter: *Das Kunstwerk im Zeitalter seiner technischen Reproduzierbarkeit. Gesammelte Schriften*. Band 1. Frankfurt / M. 1991.

Clausewitz, Carl von: *Vom Kriege*. Reinbek 1984.

Deleuze, Gilles / Félix Guattari: *Tausend Plateaus. Kapitalismus und Schizophrenie*. Berlin 1993.

Douglas, Mary: *Ritual, Tabu und Körpersymbolik. Sozialanthropologische Studien in Industriegesellschaft und Stammeskultur*. Frankfurt / M. 1974.

Durkheim, émile: *Die elementaren Formen des religiösen Lebens*. Berlin 2017.

Foucault, Michel: *Ästhetik der Existenz. Schriften zur Lebenskunst*. Frankfurt / M. 2007.

Foucault, Michel: *Die Ordnung der Dinge*. Frankfurt / M. 1974.

Foucault, Michel: *Freiheit und Selbstsorge*. Interview 1984 und Vorlesung 1982, hrsg. von H. Becker u. a., Frankfurt / M. 1985.

Gadamer, Hans-Georg: *Die Aktualität des Schönen. Kunst als Spiel, Symbol und Fest*. Stuttgart 1977.

Garcia, Tristan: *Das intensive Leben. Eine moderne Obsession*. Berlin 2017.

Gennep, Arnold van: *übergangsriten*. Frankfurt / M. 1999.

Han, Byung-Chul: *Hyperkulturalität, Kultur und Globalisierung*. Berlin

2005.

Han, Byung-Chul: *Psychopolitik. Neoliberalismus und die neuen Machttechniken.* Frankfurt / M. 2014.

Han, Byung-Chul: *Topologie der Gewalt.* Berlin 2011.

Handke, Peter: *Phantasien der Wiederholung.* Frankfurt / M. 1983.

Hegel, Georg Wilhelm Friedrich: *Werke in zwanzig Bänden.* Hrsg. von E. Moldenhauer und K. M. Michel. Frankfurt / M. 1970.

Heidegger, Martin: *Briefe Martin Heideggers an seine Frau Elfriede 1915–1970.* München 2005.

Heidegger, Martin: *Unterwegs zur Sprache.* Pfullingen 1959.

Huizinga, Johan: *Homo Ludens. Vom Ursprung der Kultur im Spiel.* Hamburg 1956.

Illouz, Eva: *Warum Liebe weh tut. Eine soziologische Erklärung.* Berlin 2011.

Jaspers, Karl: *Philosophie III, Metaphysik.* Berlin / Heidelberg 1973.

Kant, Immanuel: *Werke in zehn Bänden.* Hrsg. von Wilhelm Weische-del. Darmstadt 1983.

Kerényi, Karl: *Antike Religion.* Stuttgart 1995.

Kierkegaard, Sören: *Die Wiederholung.* Hamburg 1961.

Kierkegaard, Sören: *Tagebuch des Verführers.* Zürich 2013.

Kojève, Alexandre: *Hegel. Eine Vergegenwärtigung seines Denkens.* Frankfurt / M. 1975.

Kojève, Alexandre: *überlebensformen.* Berlin 2007.

Lafargue, Paul: *Das Recht auf Faulheit: Widerlegung des "Rechts auf Arbeit" von 1848.* Berlin 2013.

Lévinas, Emmanuel: *Totalität und Unendlichkeit. Versuch über Exteriorität.* Freiburg / München 1987.

Marx, Karl: *Deutsche Ideologie.* In: MEW, Band 3. Berlin 1990.

Marx, Karl: *Ökonomisch-philosophische Manuskripte.* In: MEW, Band 40. Berlin 1990.

Nádas, Péter: *Behutsame Ortsbestimmung. Zwei Berichte.* Berlin 2006.

Novalis: *Schriften.* Hrsg. von P. Kluckhohn und R. Samuel. Band 1. Stuttgart 1960.

Pfaller, Robert: *Die Illusionen der anderen. über das Lustprinzip in der Kultur.* Frankfurt / M. 2002.

Pfaller, Robert: *Das Schmutzige Heilige und die reine Vernunft. Symptome der Gegenwartskultur.* Frankfurt / M. 2008.

Rosa, Hartmut: *Resonanz. Eine Soziologie der Weltbeziehung.* Berlin 2016.

Rosenzweig, Franz: *Der Stern der Erlösung. Gesammelte Schriften.* Band 2. Hanau 1976.

Saint-Exupéry, Antoine de: *Die Stadt in der Wüste. Citadelle.* Frankfurt / M. 1996.

Schmitt, Carl: *Der Nomos der Erde im Völkerrecht des Jus Publicum Europaeum.* Berlin 1950.

Sennett, Richard: *Verfall und Ende des öffentlichen Lebens.* Berlin 2008.

Taylor, Charles: *Das Unbehagen an der Moderne.* Frankfurt / M. 1995.

Türcke, Christoph: *Hyperaktiv! Kritik der Aufmerksamkeitsdefizitkultur.* München 2012.

附录 韩炳哲著作年谱

Heideggers Herz. Zum Begriff der Stimmung bei Martin Heidegger.
Wilhelm Fink, Paderborn 1996.
《海德格尔之心：论马丁·海德格尔的情绪概念》

Todesarten. Philosophische Untersuchungen zum Tod.
Wilhelm Fink, Paderborn 1998.
《死亡模式：对死亡的哲学研究》

Martin Heidegger. Eine Einführung.
UTB, Stuttgart 1999.
《马丁·海德格尔导论》

Tod und Alterität.
Wilhelm Fink, Paderborn 2002.
《死亡与变化》

Philosophie des Zen-Buddhismus.

Reclam, Stuttgart 2002.

《禅宗哲学》（陈曦译，中信出版社，2023 年）

Hyperkulturalität. Kultur und Globalisierung.

Merve, Berlin 2005.

《超文化：文化与全球化》（关玉红译，中信出版社，2023 年）

Was ist Macht?

Reclam, Stuttgart 2005.

《什么是权力？》（王一力译，中信出版社，2023 年）

Hegel und die Macht. Ein Versuch über die Freundlichkeit.

Wilhelm Fink, Paderborn 2005.

《黑格尔与权力：通过友善的尝试》

Gute Unterhaltung. Eine Dekonstruktion der abendländischen Passionsgeschichte.

Vorwerk 8, Berlin 2006; Matthes & Seitz, Berlin 2017.

《娱乐何为：西方受难史之解构》（关玉红译，中信出版社，2019 年）

Abwesen. Zur Kultur und Philosophie des Fernen Ostens.

Merve, Berlin 2007.

《不在场：东亚文化与哲学》（吴琼译，中信出版社，2023 年）

Duft der Zeit. Ein philosophischer Essay zur Kunst des Verweilens.

Transcript, Bielefeld 2009; 2015.

《时间的香气：驻留的艺术》（吴琼译，中信出版社，2023 年，即将出版）

Müdigkeitsgesellschaft.

Matthes & Seitz, Berlin 2010; 2016.

《倦怠社会》（王一力译，中信出版社，2019 年）

Shanzhai. Dekonstruktion auf Chinesisch.

Merve, Berlin 2011.

《山寨：中国式解构》（程巍译，中信出版社，2023 年）

Topologie der Gewalt.

Matthes & Seitz, Berlin 2011.

《暴力拓扑学》（安尼、马琰译，中信出版社，2019 年）

Transparenzgesellschaft.

Matthes & Seitz, Berlin 2012.

《透明社会》（吴琼译，中信出版社，2019 年）

Agonie des Eros.

Matthes & Seitz, Berlin 2012.

《爱欲之死》（宋娀译，中信出版社，2019 年）

Bitte Augen schließen. Auf der Suche nach einer anderen Zeit.

Matthes & Seitz, Berlin 2013.

《请闭上眼睛：寻找另一个时代》

Im Schwarm. Ansichten des Digitalen.

Matthes & Seitz, Berlin 2013.

《在群中：数字景观》（程巍译，中信出版社，2019 年）

Digitale Rationalität und das Ende des kommunikativen Handelns.
Matthes & Seitz, Berlin 2013.
《数字理性和交往行为的终结》

Psychopolitik: Neoliberalismus und die neuen Machttechniken.
S. Fischer, Frankfurt 2014.
《精神政治学：新自由主义与新权力技术》（关玉红译，中信出版社，2019年）

Die Errettung des Schönen.
S. Fischer, Frankfurt 2015.
《美的救赎》（关玉红译，中信出版社，2019 年）

Die Austreibung des Anderen: Gesellschaft, Wahrnehmung und Kommunikation heute.
S. Fischer, Berlin 2016.
《他者的消失：现代社会、感知与交际》（吴琼译，中信出版社，2019 年）

Close-Up in Unschärfe. Bericht über einige Glückserfahrungen.
Merve, Berlin 2016.
《模糊中的特写：幸福经验报告》

Lob der Erde. Eine Reise in den Garten.
Ullstein, Berlin 2018.
《大地颂歌：花园之旅》（关玉红译，孙英宝插图，中信出版社，2023 年，
即将出版）

Vom Verschwinden der Rituale. Eine Topologie der Gegenwart.
Ullstein, Berlin 2019.
《仪式的消失：当下的世界》（安尼译，中信出版社，2023 年）

Kapitalismus und Todestrieb. Essays und Gespräche.
Matthes & Seitz, Berlin 2019.
《资本主义与死亡驱力》（李明瑶译，中信出版社，2023 年）

Palliativgesellschaft. Schmerz heute.
Matthes & Seitz, Berlin 2020.
《妥协社会：今日之痛》（吴琼译，中信出版社，2023 年）

Undinge: Umbrüche der Lebenswelt.
Ullstein, Berlin 2021.
《非物：生活世界的变革》（谢晓川译，东方出版中心，2023 年）

Infokratie. Digitalisierung und die Krise der Demokratie.
Matthes & Seitz, Berlin 2021.
《信息统治：数字化与民主危机》

Vita contemplativa: oder von der Untätigkeit.
Ullstein, Berlin 2022.
《沉思的生活，或无所事事》（陈曦译，中信出版社，2023 年）

Die Krise der Narration.
Matthes & Seitz, Berlin 2023.
《叙事的危机》（李明瑶译，中信出版社，2023 年，即将出版）